科特勒的营销哲学

陈娇 著

北京联合出版公司

图书在版编目 (CIP) 数据

科特勒的营销哲学 / 陈姣著 . -- 北京：北京联合出版公司 , 2019.9
 ISBN 978-7-5596-3534-1

Ⅰ . ①科… Ⅱ . ①陈… Ⅲ . ①营销—经济哲学—研究 Ⅳ . ① F713.3

中国版本图书馆 CIP 数据核字（2019）第 182319 号

科特勒的营销哲学

著　　者：陈　姣
责任编辑：徐　鹏
封面设计：李艾红
文字编辑：胡宝林
美术编辑：盛小云

北京联合出版公司出版
（北京市西城区德外大街 83 号楼 9 层　100088）
北京市松源印刷有限公司印刷　新华书店经销
字数 180 千字　880 毫米 ×1230 毫米　1/32　8 印张
2019 年 9 月第 1 版　2019 年 9 月第 1 次印刷
ISBN 978-7-5596-3534-1
定价：36.00 元

未经许可，不得以任何方式复制或抄袭本书部分或全部内容
版权所有，侵权必究
本书若有质量问题，请与本公司图书销售中心联系调换。电话：010-58815825

前言

利普·科特勒生于1931年，是现代营销学集大成者，被誉为"现代营销学之父""营销界的爱因斯坦"。多年来，科特勒一直致力于营销战略与规划、营销组织、国际市场营销及社会营销的研究，他创造的一些概念，如"反向营销"和"社会营销"等，被人们广泛应用在实践中。他的许多著作被译成几十种语言，传播于近60个国家，被世界营销人士视为营销宝典。他的《营销管理》是现代营销学的奠基之作，被誉为市场营销学的"圣经"，是全球最佳50本商业书籍之一。

科特勒见证了美国经济40年的起伏跌宕和繁荣兴旺史，他的理论深刻地影响了一代又一代美国企业家。尤其是在美国超大型跨国企业的成长中，科特勒做出了巨大的贡献。从1975年到1995年的20年间，科特勒多次获得美国国家级勋章和褒奖，包括"保尔·D.康弗斯奖""斯图尔特·亨特森·布赖特奖""营销卓越贡献奖""查尔斯·库利奇奖"。此外，他是美国营销协会（AMA）第一届"营销教育者奖"的获得者，也是至今唯一三次获得过《营销杂志》年度最佳论文奖——阿尔法·卡帕·普西奖的得主。

不仅在美国国内，科特勒的营销理论放射出耀眼的光芒，在亚洲地区，特别是在中国，他的营销学说同样受到了业界的重视。

1986年以来，科特勒多次造访中国，与中国的营销人员亲密接触，共同探讨市场营销在中国的发展。他先后出版《营销管理（亚洲版）》《亚洲新定位》《科特勒看中国与亚洲》等近十种著作，销售近百万册，专门针对亚洲市场与中国市场的特性做出了论述，国内营销人员多研读过科特勒的"营销全书"。

每一位营销人员，无论你是普通的销售者，还是运筹帷幄的营销管理者，都可以在科特勒的著述中找到你所需要的内容，从而为自身所从事的营销工作找到指导方略。为此，我们编写了这本《科特勒的营销哲学》，本书集合了科特勒的《营销管理》《水平营销》等多本著作及一些演讲的思想精华，总结了科特勒几十年的营销经验，集中撷取科特勒的主要观点，并进行了生动的阐述。

本书系统解析了科特勒营销哲学，内容全面，涵盖营销的所有重要课题，试图帮助企业高层领导、营销部门负责人及营销人员在短期内快速掌握科特勒营销理论要领、营销艺术及营销的具体操作方法和技巧，从而从整体上提高企业的市场竞争力。通过科特勒渊博的见解，你可以迅速更新你的营销知识和技能，了解到资料库营销、关系营销、高科技营销、全球化营销、网络营销等热门营销理念，从容应对竞争、全球化和互联网所带来的新挑战和新机遇。科特勒的许多营销操作和实践已经得到美国电报电话公司、通用电气、福特汽车、杜邦公司、IBM公司、惠普公司等全球财富500强企业的验证和推广。

目录

第一章　理解营销：创造并收获顾客价值

第一节　企业的核心职能在于营销　//2
营销至简：满足别人并获得利润　//2
营销即识别、创造、沟通、交付和监督顾客价值　//5
差的、好的和伟大的营销之间迥然不同　//7

第二节　大败局：将企业拖入困境的致命营销过失　//10
营销的大敌是"赚了就跑"的短线思维　//10
营销是4P，绝不能被缩减成1P　//12
营销不是单兵作战，而是全员战役　//15
当你忽视竞争者的时候，他会悄悄闯入你后院　//18

第三节　大趋势：未来营销唯一不变的就是变化　//22
真正的顾客为王：从参与、互动直至主导　//22
全面营销：广泛、整合的视角不可或缺　//24
差异化：成为与众不同的"紫牛"　//27
精准营销：广泛的精准和精准的广泛　//29

第二章　营销战略与管理：为企业勾勒蓝图

第一节　成功的营销是精心策划出来的　//34
没有认真计划，那么你正在孕育失败　//34
所有公司总部都在从事这样四项计划活动　//36
有效而清晰的使命声明能让企业走得更稳更远　//38
营销策划是一个周密而系统的六步过程　//41

第二节　先想"做什么"，再想"怎么做"　//44
优胜劣汰，规划出最佳的业务组合　//44
找准战略业务单位，力争数一数二　//46
企业目标不是成长，而是盈利性增长　//49
企业三种通用战略：总成本领先、差异化和聚焦　//51

第三节　营销管理，把战略计划落到实处　//54
从营销角度出发CEO可分成四种类型　//54
杰出营销的关键不在于做什么，而在于做成什么　//57
企业应该在短中长三个规划期的视角下进行管理　//59
策略趋同：任何行之有效的营销策略都会被模仿　//61

第三章　消费者：企业存在的目的与根基

第一节　顾客为什么购买：影响消费者行为的因素　//66
消费者的购买行为受文化、社会、个人因素的影响　//66
核心价值观决定了消费者的长期决策和需求　//68

　　　　　营销者要关注消费者的人生大事或重大变迁 //71

第二节　消费者的购买决策心理与行为 //74
　　　　　消费者典型的购买决策会经历五个阶段 //74
　　　　　人类学研究，从宏观上把握消费者心理 //76
　　　　　理性的行为其实并不是具有最后决定性的力量 //79
　　　　　消费者购买决策追求的是价值最大化 //81

第三节　打造深度的用户体验营销 //84
　　　　　顾客期待从购买中获得理性、感官、社会和自我的满足 //84
　　　　　向顾客传达一种愉悦的体验比推销产品更重要 //87
　　　　　体验营销满足的是消费者的思想、成就感和自我表达 //90

第四章　品牌：企业最持久的无形资产
第一节　品牌的价值比一切都贵重 //94
　　　　　品牌在企业发展中处于核心战略地位 //94
　　　　　品牌是把4P结合到一起的黏合剂 //97
　　　　　对消费者而言，品牌意味着价值和信任 //99

第二节　什么造就了一个伟大的品牌 //101
　　　　　最强的品牌定位能够触动消费者的情感深处 //101
　　　　　品牌共鸣：顾客的思想决定了品牌的强势程度 //104

高度一致的"品牌＋定位＋差异化"才能实现成功营销 //107
能在顾客心中产生正面联想的品牌才能成为强势品牌 //110

第三节 品牌难立易毁，开发管理需谨慎 //112
品牌强化：让品牌不断向前避免贬值 //112
品牌活化：让衰退品牌焕发新颜 //114
品牌延伸：利用已建立的品牌推出新的产品 //115
联合品牌：强强联合的"1＋1＞2"效应 //117

第五章 目标市场营销：多能不如一专

第一节 市场细分：舍大取小，分而制胜 //122
地理细分：地域不同，消费习惯也会有差异 //122
人口细分：将消费者区分为有差异的群体 //125
心理细分：心理模式影响购买行为 //127
行为细分：建立细分市场最好的出发点 //129

第二节 目标市场：选定最适合自己的区域 //132
评估细分市场时，企业必须考虑三大因素 //132
企业理智的做法应该是一次进入一个细分市场 //136
选定超级细分市场，而不是孤立的细分市场 //138
选择目标市场时必须考虑道德与社会责任问题 //140

第三节　市场定位：定义在消费者心目中的形象和位置　//143
成功的营销战略关键在于：聚焦、定位和差异化　//143
定位的目标在于将品牌留在消费者心中　//146
定位要求定义和传达品牌之间的相似点和差异点　//148

第六章　超竞争时代：比竞争者做得更好一点
第一节　识别、分析、选准自己的竞争对手　//152
识别竞争者：从产业和市场出发，克服"近视症"　//152
分析竞争者：每一个细节都不要放过　//155
选择竞争者：强与弱，近与远，良与恶　//158
企业要取得成功，必须构建核心竞争力　//160

第二节　十面埋伏，竞争无处不在　//163
企业面临着五股竞争力量的威胁　//163
行业竞争者：细分市场的容量是有限的　//165
潜在进入者：有利润，就会有跟风　//168
替代者：比现有竞争对手更具威胁力　//170

第三节　市场领导者：第一不是那么好当的　//173
一步领先不等于步步领先　//173
扩大总体市场，将市场蛋糕做大　//175
保护市场份额，巩固领导地位　//178

第七章　混沌常态下的管理和营销

第一节　新商业时代：混沌成为新常态　//182
衰退和动荡永远是两面的双刃剑　//182
成功让人麻痹，而混沌让人睁大双眼　//183
企业存亡关键在于发现动荡、预期混沌和管理风险　//186

第二节　动荡袭来，企业最常犯的错误　//189
经济不确定性就像一副迷药，最精明的CEO也会中招　//189
在经济衰退的时候最糟糕的是不采取任何行动　//192
绝大多数企业并没有一个混沌管理系统　//194
破坏核心战略和文化去适应动荡无异于饮鸩止渴　//196

第三节　混沌营销管理：在动荡中赢得蒸蒸日上　//199
顺利度过动荡期的关键就是要有不屈不挠的心态　//199
衰退不等于没机会，营销只有在缺少想象力时才会失败　//202
企业对未来必须要有三种情景规划的设想　//204
高层管理者必须开始亲自观察变化　//207

第八章　科特勒营销新思维

第一节　网络营销：冲击传统的一场新工业革命　//210
网络正在使市场营销发生着激烈的变革　//210
形成网络时代的四股主要力量　//213
网络营销使买卖双方均受益匪浅　//215
互联网给企业营销带来了极大的挑战　//218

第二节　国际营销：与其被国际化，不如去国际化　//221
全球化带来新挑战，国际化成为大趋势　//221
走向国际市场前企业必须认清的风险观念　//223
在决定候选国时，企业要拿捏好三个标准　//226
选择最适合的模式进军国际市场　//228

第三节　水平营销：跳出盒子，而不是坐在盒子里思考　//231
纵向营销会导致一个过度细分而无利可图的市场　//231
水平营销是纵向营销的必要补充　//234
水平营销就是通过创新激发出新的市场和利润点　//236
借助水平营销，企业就可能在新市场拔得头筹　//238

第一章
理解营销：创造并收获顾客价值

第一节　企业的核心职能在于营销

营销至简：满足别人并获得利润

> 市场营销是辨别并满足人类和社会的需要。对市场营销最简洁的定义，就是"满足别人并获得利润"。当 eBay 公司意识到人们在当地不能买到最想要的物品时，就发明了网上竞拍业务；当宜家公司意识到人们想购买廉价、质量高的家具时，就创造了可拆卸与组装的家具业务。所有这些都证明：市场营销可以把社会需要和个人需要转变成商机。
>
> ——科特勒《营销管理》

什么是市场营销？美国营销协会最新修订的定义如下："营销是一种组织职能和一套流程，用来对顾客创造、沟通和交付价值，以及以有益于组织及其利益相关者的方式管理顾客关系。"而对许多普通人来说，营销就是销售和广告。而在科特勒看来，营销就是满足别人并获得利润，也就是说，营销就是把价值交付出去，把利润交换回来。

关于营销，有这样一句话："市场营销的目的就是使推销成为多余。"那么，怎样才能使推销成为多余？很简单，其最关键之处就在于"辨别并满足人类和社会的需要"。市场营销就是要为顾客提供卓越的价值,并以此建立可盈利的顾客关系,也就是科特勒所说的"满足别人并获得利润"。在这一点上,四季酒店是一个很好的例子。

美国名嘴奥普拉·温弗瑞曾经问过好莱坞一线女星朱莉亚·罗伯茨一个有趣的问题:"你最喜欢睡在什么上面?"这位大嘴美女答道:"睡在四季酒店的床上。"她所说的这家四季酒店,是世界性的豪华连锁酒店集团,曾被 Travel and Leisure 杂志及 Zagat 指南评为世界最佳酒店集团之一,并获得 AAA 五颗钻石的评级。

这家酒店之所以能成为世界酒店行业的标杆,能得到众多名人的青睐,最主要的原因就是因为它能让客户得到极致的满足,它的服务堪称尽善尽美。

以上海的四季酒店为例:当它接待美国 CNBC(消费者新闻与商业频道)电视台的客户时,酒店会马上与上海专业机构联系,购置解码器,专门给 CNBC 一行的所有客房加上 CNBC 的频道播放,并精心印制专门的节目单;当它接待百事可乐的客户时,房间就全换上百事公司的产品;当飞利浦公司的客户下榻时,客房里全换上飞利浦公司的照明;当丰田公司的客户前来,床头上会放上注有丰田标牌的模型小汽车;三星电子公司的客户住店,酒店会不惜重金把高级套房其他品牌的等离子电视拆下来,换上最新型号的三星产品。这些待遇不只是对知名企业的大客户,就是对小孩儿,酒店也会一视同仁。当一对夫妇带了一个六岁孩子前来入住时,酒店会马上配上儿童浴袍、儿童拖鞋和气球等小玩具,加床也会符合孩子的身高。可以说,对每一位客户,只要有来客信息,四季酒店都会事先把细节工作做得妥妥帖帖。

四季酒店集团创始人伊萨多·夏普曾说:"人们常问我,对四季酒店最初的设想是怎样的。实际上，根本没有任何宏伟的计划。当我在建造我的第一座酒店时，我根本不懂酒店业。我从未想到过这将会变成我一生的事业，我也从未想到过有一天我将建造和管理世界上最大和最负盛名的五星级酒店集团。我从客户的角度开始涉足酒店业。我是主人，客户是我的宾客。在建造和运营酒店时，我这样问自己：客户认为最重要的东西是什么？客户最认同的价值是什么？因为如果我们给予客户最有价值的服务，他们就会毫不犹豫地为他们认为值得的东西掏腰包。这就是我一开始的策略，直到今天仍然如此。"

四季酒店能成为世界最佳酒店集团之一，归根结底，其经验就在于"满足别人并获得利润"。它为客户创造出了最大化的价值，最终也就收获了最大化的回报。

科特勒将一个市场营销过程分成五个步骤：

第一步，理解市场和顾客的需求和欲望；

第二步，设计顾客导向的营销战略；

第三步，构建传递卓越价值的整合营销计划；

第四步，建立盈利性的关系和创造顾客愉悦；

第五步，从顾客处获得价值和利润回报。

企业只有做好前面的四步，才能赢得最后一步，获得以销售额、利润和顾客忠诚为形式的价值回报。可以说，企业的一切市场营销活动都是为了满足顾客的需要，只有满足了顾客的需要，才能得到顾客的肯定和市场的认可。

营销即识别、创造、沟通、交付和监督顾客价值

很久以前我说过:"营销不是找到一个精明的办法处理掉你制造的产品,而是创造真正的客户价值的艺术。"营销是为你的客户谋福利的艺术。营销人员的格言是:质量、服务和价值。我们可以把市场营销看作识别、创造、沟通、交付和监督顾客价值的一种过程。

——科特勒《科特勒说》

科特勒将"顾客价值"摆到了一个非常重要的位置,他将营销视为一个识别、创造、沟通、交付和监督顾客价值的过程。与之相似的是,亚马逊的创始人杰夫·贝泽斯也曾说:"每件事情的驱动力都是为顾客创造真正的价值,没有这个驱动力就没有一切。如果你关注顾客所需并与之建立良好关系,他们就会让你赚钱。"价值是市场营销中的一个核心概念,一般来说,顾客会在不同的产品与服务之间做出选择,而选择的基础就是哪一种可以给他们带来最大的价值。成功的企业都有一个共同点,那就是高度重视顾客并努力地去创造顾客价值并使之满意。

宜家公司是瑞典一家著名的家居装饰用品零售企业,从最初的小型邮购家具公司到现今全球最大的家居用品零售商,宜家的秘诀在于它独有的营销理念——"与顾客一起创造价值"。在这种理念的指导下,宜家公司把自己与顾客之间的买卖关系发展成共同创造价值的关系,你中有我,我中有你,共同组成了一个价值链。

宜家有一个口号——"有价值的低价格",宜家的创始人英格瓦早年在参加家具展览会时,发现展览会上满目都是豪奢的展品,他想,普通人难道就不能享受最好的家具吗?富人只是少数,给大多数普通人生产家具才会有最大的市场。于是,他决定要将少数人才能享用的奢侈品改造成大众都能接受的产品,以低价格提供高质量的产品。要做到这一点,降低成本就成了不二法门。实际上,降低成本贯穿了宜家产品的整个过程,从产品构思、设计、生产到运输和营销,英格瓦无时不想着"成本"二字。宜家销售的家具价格比竞争对手平均要低 30%~50%。

除了为顾客提供有价值的低价格产品,宜家还有一个制胜的法门,那就是"DIY"(do it yourself,意思是"自己动手")。宜家认为,不论是生产者还是消费者,都有创造价值的能力。问题的关键在于,作为销售商如何为每一个消费者施展能力、创造价值搭建一个舞台。宜家从来不把向顾客提供产品和服务视为一种简单的交易,而是当作一种崭新的劳动分工,即:将一些原来由加工者和零售商所做的工作交给顾客去做,公司方面则专心致志地向顾客提供价格低廉而质量优良的产品。

宜家每年都要印刷几千万份、十多种语言的产品目录。而每份目录同时又是宜家理念的宣传和指导顾客创造价值的说明书。宜家销售的可随意拆卸、拼装的家具,消费者可以根据自己的爱好进行再创造,比如,宜家负责提供所需的油漆,消费者就可以自己设计家具的颜色。进入宜家的商场,顾客不仅可以无偿使用商场提供的各种设施,还可以得到产品目录、卷尺、铅笔和记录纸,以便在选择家具时使用,可谓"想顾客之所想"。

宜家的商品标签也与众不同,除标有商品的名称、价格外,还有尺寸、材料颜色以及定制、提货的地点。宜家希望顾客能够明白，来这里不仅可以消费，而且可以再创造。在一些家具商津津乐道于现场定制、送货上门的时候，宜家却别出心裁地向顾客提供了无数个自由创新的条件和机会。这正是宜家的高明之处。

因循这些思路，宜家形成了自己特有的风格。在宜家商场，家居用品应有尽有，它把各种商品组合成不同风格的样板间，淋漓尽致地展现每种商品的现场效果，激发人们的灵感和购买欲。而它的服务人员，绝不会追在顾客屁股后面做烦人的推销。在宜家，一切贴近顾客，一切鼓励顾客自己去体验。正是这种独特的经营方式使得宜家成为最受顾客欢迎的家居用品零售巨头。

在当下这样一个顾客至上的商业时代，很多企业都在强调"以顾客为中心""为顾客创造价值"，但这些，说起来容易，做起来艰难。科特勒曾说，营销是一种通过创造、交付和传播优质的顾客价值来获得顾客、挽留顾客和提升顾客的科学与艺术。通过宜家的经营，我们可以看到，它不但在销售产品和服务，更是在销售一种理念和价值。"与顾客一起创造价值"的经营理念，不仅拉近了宜家与顾客之间的距离，更是激发出了顾客无穷的活力和想象力，这样一种价值甚至远远超出了产品本身给顾客带来的价值。

差的、好的和伟大的营销之间迥然不同

差的、好的和伟大的营销之间迥然不同。"差营销"的公司只想着现有的产品，以及如何把它变得更好。他们是"近视"的，看不到顾客有变化的需求。"好营销"的公司认真观察市场，选择最具盈利性的

细分市场来服务、来主导。这种公司贴近顾客和变化的需求。"伟大营销"的公司尽力为顾客想象新的利益，也许是顾客自己永远想象不出的利益。

——科特勒《世界经理人》采访

科特勒提出的"差的""好的"和"伟大的"三个营销层次，正体现了三种不同的驱动类型。

"差营销"的公司是市场驱动型，他们埋头做出自己的产品，然后再到处去寻找顾客，去拓展市场。

"好营销"的公司则是顾客驱动型，他们不会盲目地去生产产品，而是会首先深入研究市场的情况和顾客的需求，然后选准最适合自己的细分市场去耕耘。

"伟大营销"的公司则是驱动市场型，他们能准确把握住市场趋势，能够为顾客创造出超越期望、超越想象的利益和价值。乔布斯及其领导的苹果公司就是驱动市场型的杰出代表。

"在所有伟大的硅谷创业英雄里，乔布斯是我们无法绕过的一颗最闪亮的明星。道理很简单，没有乔布斯，今天的世界就一定是另一副模样；没有乔布斯，就没有1977年的Apple II、1984年的Macintosh、1998年的iMac、2001年的iPod、2007年的iPhone和2010年的iPad；没有乔布斯，今天我自己可以随时打开iPad上微博、玩'植物大战僵尸'的快乐生活就至少要被推迟3年！"这是李开复对乔布斯的一段评价。

在很多公司看来，营销就是满足顾客的需要，顾客想要什么就给他们什么，而乔布斯则说："那不是我的方式。我们的责任是提前一步搞清楚他们将来想要什么。我记得亨利·福特曾说过——如果我最初问消费者他们想要什么，他们应该是会告诉我：'要一匹更快的马！'人们不知道想要什么，直到你把它摆在他们面前。正因如此，我从不依靠市场研究。我们的任务是读懂还没落到纸面上的东西。"

乔布斯总是从消费者会有怎样的体验这一点出发，对事物进行思考，他要做的不仅是满足顾客的需要，更是引导甚至是创造顾客的需要。

在开发MAC的时候，乔布斯就完全颠覆了当时传统计算机的概念，他称自己受够了"方正、矮胖的电脑"，他拿出一本电话簿，对自己的团队说，这就是Mac的最大尺寸，绝对不能再大。

他还推出了人们前所未见的"鼠标"，当时有杂志批判说"用鼠标去操作那小小的符号，简直会让人发疯"，但乔布斯就是认定这种设计会成为未来市场的大势所趋。

后来iPod的出现，更是掀起了一场新的消费革命，它已经不仅是一个播放器终端，而是成了一种社会现象。iPod简易到极致的操作面板和独特的设计引发了消费者近乎宗教式的狂热追捧。

再到后来的iPhone，iPhone已经不仅是一部手机，它还是一台便携式电脑，是一台高质量的微型电视机、摄像机、收音机、录音机、照相机、游戏机、导航仪……可看电子书，可发email。

乔布斯的无所不能概念，被它体现得淋漓尽致，基于此，其他手机被其远远地抛在身后。

同时，iPhone 4做工精良，软件丰富，操作简单，使用携带方便，集合了当今最先进电子信息技术，成了手机的风向标。

乔布斯本人很推崇"冰球大帝"韦恩·格雷茨基的一句名言——"我滑向球将要到达的地方，而不是它已经在的地方"。

这与他领导苹果公司的理念是异曲同工的，苹果公司走在了市场趋势的前端，做到了真正的"驱动市场"。

"没有顾客问苹果公司要一个 iPhone，因为顾客想象不出在一部手机里可以有这样一整套令人兴奋的功能。苹果是一家驱动市场的公司，赋予有价值的新产品以生命。"这是科特勒对苹果公司的评价。

他强调说，驱动市场才是对生活水准的提高，它包含真正的创新，而非鸡毛蒜皮的创新，他希望能涌现出更多驱动市场的公司。

驱动市场型的企业，其营销的出发点是市场，注重环境分析、注重市场变化、注重从整体市场中寻找目标市场和客户、关注竞争、关注市场培育、关注行业动态、注重市场份额、注重市场占有和开拓，甚至关注培养和引导需求、引导消费观念。这样的一种视野和高度，能让企业的营销收到更好的效果。

第二节　大败局：将企业拖入困境的致命营销过失

营销的大敌是"赚了就跑"的短线思维

> 什么是最糟糕的营销？营销本质上是一种理念，它对于理解、服务和满足客户需要的重要性坚定不移。营销的大敌是"赚了就跑"的销售思维，其目标就是不惜一切代价把产品卖出去，而不是创建长期的客户。诱饵调包的手法、夸张性广告、欺骗性定价等做法都歪曲了大众和企业对于营销的理解。
>
> ——科特勒《科特勒说》

科特勒始终认为，营销是创造顾客价值的艺术，企业要想真正做好营销，就要真正认识到理解、服务和满足客户需要的重要性，并坚定不移地去贯彻它。如果企业一门心思求利润，不计手段将产品推销出去，赚了就跑，这样不负责任的做法只会给企业带来一时半会儿的甜头，根本不可能有长远的发展。

我们耳熟能详的一种说法是："企业是以营利为目的的经济组织。"追求利润确实是企业的一种本能，甚至是义务，但是，企业应以合理的方式去营利，而不能以牺牲客户利益为代价。客户是企业的生存之本，而"赚了就跑"的企业是不可能长久赢得客户的，没有了客户，就等于动摇了自己企业的根本。

2011年7月，央视《每周质量报告》播出了一期《达芬奇天价家具"洋品牌"身份被指造假》的节目，爆出了达芬奇家居在家具质量和产地上均存在欺诈消费者行为。

达芬奇家居可以说是国内最具影响力的家具高端品牌，以价格昂贵著称。一张单人床能卖到10多万元，一套沙发能卖到30多万。之所以能将这些家具卖到如此高的天价，是因为达芬奇宣称说其销售的家具是100%意大利生产的"国际超级品牌"，而且使用的原料是没有污染的"天然的高品质原料"。

然而，记者经过深入调查发现，达芬奇家居公司售卖的所谓意大利卡布丽缇家具，其实是从东莞长丰家具公司秘密订购，生产的家具由深圳港口出港，再从上海港进港回到国内，通过"一日游"的方式，就成了手续齐全的意大利"进口家具"。天价家具并不像其宣称的那样是100%意大利生产，所用的原料也不是名贵实木"白杨荆棘根"，而是高分子树脂材料、大芯板和密度板。

上海市工商局曾介入调查并发布公告称，初步发现并认定达芬奇家居公司主要有三大问题：一是涉嫌虚假宣传，达芬奇家居公司在宣传时使用了诸如"最大、顶级品牌、最高"等绝对用语；二是部分家具产品被判定不合格，例如，售价92800元的卡布丽缇床头柜，号称是实木，实际上是密度板贴三聚氰胺，背后是多层面板；三是大部分家具产品标志不规范，没有标明产地和材质，按照国家相关规定，应该标明具体使用什么材质。

对此，上海市工商局向达芬奇家居公司发出行政处罚决定书，没收该公司经销的部分不合格家具产品，并开出了133.42万元的罚单。

国内生产的产品"出国一日游"，回来便以天价卖给消费者，这样的做法不仅欺骗了消费者的感情，也极大地损害了企业自身的信誉与品牌。以后企业要想重建在消费者心目中的形象，可以说比登天还难。

短线思维的营销，只会制造"短命"的企业。真正想要做大做强的企业，它不会满足于"赚了就跑"，竭泽而渔；它会沉静下来，用心地经营客户，用心地创造客户价值，着眼于长远的利润和回报。

营销是4P，绝不能被缩减成1P

小心4P剩下1P。道戈·霍尔的一项调查显示，有75%的新产品、服务以及业务会失败。无论市场调查观念更新、产品试验、业务分析、产品开发和试验以及市场调研、开办商业实体等工作的进展如何，这些失败仍然会发生。这是为什么呢？部分原因就在于，当一种新的产品或服务出现时，大部分的营销工作被缩减成一个 P——促销，而不是一套 4P 的工作。

——《营销力——科特勒观点》

科特勒所提及的"4P"指的是传统的 4P 理论，分别是产品、价格、渠道和促销。

产品（Product），从市场营销的角度来看，是指能够提供给市场被人们使用和消费并满足人们某种需要的任何东西，包括产品、服务、人员、组织、观念或它们的组合。

价格（Price），是指顾客购买产品时的价格，包括折扣、支付期限等。价格或价格决策，关系到企业的利润、成本补偿以及是否有利于产品销售、促销等问题。

渠道（Place），所谓销售渠道，是指在商品从生产企业流转到消费者手上的全过程中所经历的各个环节和推动力量之和。

促销（Promotion），是指公司或机构用以向目标市场展示自己的产品、服务、形象和理念，说服和提醒他们对公司产品和机构本身信任、支持和注意的任何沟通形式。

4P 理论是营销策略的基础，对企业来说，产品、价格、渠道、促销这四者，哪一个环节都不能疏忽。然而事实却是，很多企业常把 4P 缩减成 1P，也就是过于依赖促销，为了赢得市场、保住市场，以逼近成本价的方式去促销，譬如，大打价格战，或者疯狂地打折、赠送，等等。

从事营销工作的人大都熟悉这样一句话——"没有业绩一切免谈"，正是这样的一种过度营销的思维，使得很多企业渐渐地将 4P 砍成了 1P，为了追逐业绩，在促销上不惜投入。事实上，企业的业绩从周期上可分为长期业绩、中期业绩和短期业绩；从表现形式上也可分为显性的定量业绩，如年度销售量、客户开发量、利润达成量等；还有隐性的定性业绩，如客户满意度、员工满意度、品牌知名度等。由此可见，业绩是企业的一个综合平衡发展系统，不能将其定义为单纯意义上的短期销售业绩，否则必然会以偏概全，助长过度促销之风。有的企业只盯着短期的利益，为了获利，不惜用上各种各样的促销方式，甚至挑起恶性竞争，这样的做法只会使得竞争环境恶化、消费潜力枯竭、可持续发展的空间收窄，最终削弱企业的长期发展动力。

当4P变成了1P，企业在短期内的确可能获益良多，但这种过度营销会使得消费群体流行着超前消费、畸形消费等不良消费风气，强化消费者的不良心理预期，从长远来看，无论是对企业自身，还是对整个行业、整个市场，都是极其不利的。

促销是产品成功走向市场的关键性一环，但绝对不是唯一的一环，过度依赖促销只会缩短产品的生命周期。根据木桶理论，各方面因素相互匹配才是关键。如果研发力跟不上营销力，工艺落后导致产品质量不稳，无法满足客户需求，那么无论促销如何卖力，产品在市场上的表现也必然受到制约；如果价格方案不合理，定价过高或过低，也会影响产品的销量；还有渠道，如果没有一个上通下达的渠道，无法保障顾客能方便、快捷、满意地获取产品，那也会造成客户不满和客户流失。

科特勒强调，75%的新产品、服务以及业务之所以会失败，很大一部分原因就在于，大部分的营销工作被缩减成1P——促销，而不是一套4P的工作。一个新产品的成功，不能仅仅依赖于促销，而应该做好4P的每一个细节。

营销不是单兵作战，而是全员战役

> 市场营销不仅仅是市场营销部门的事，它会影响到顾客体验的方方面面。这就意味着市场营销无处不在——从商店布局、包装设计、产品功能、员工培训、运输物流等所有可能与顾客接触的地方，都与市场营销息息相关；同时，也包括诸如管理创新和业务拓展等各种管理活动。市场营销是如此重要，以至于绝不可能使营销变成只是市场营销部门的事情。
>
> ——科特勒《营销管理》

科特勒认为，市场营销职能处于企业职能的核心支配地位。因为企业的主要任务就是创造和保持顾客，而这正是市场营销职能的重任，但同时顾客实际得到的满足程度也受到其他职能部门工作的影响。因此，市场营销职能必须影响或控制其他职能部门，向这些职能部门贯彻以顾客为中心的市场营销思想，才能使顾客得到期望的满足。无论是生产管理、研发管理还是财务管理、人力资源管理，都应服从于市场营销管理，成为市场营销的支持性职能，使之密切配合企业总体战略的发展。

市场营销不是营销这一个部门的事情，而是需要企业所有部门、所有人员共同配合来完成。在这一点上，杰克·韦尔奇在通用电气所推行的"群策群力"和"无边界"的管理模式就是绝佳的典范。

韦尔奇经常把公司比喻成一幢楼房。楼层好比组织的层级，房屋的墙壁则如同公司各职能部门之间的障碍。公司为了获得最佳的经营效果，就必须将这些楼层和墙壁拆除，以便创造各种想法都可自由流动的开放空间。

韦尔奇"群策群力"和"无边界"的管理思想源于克罗顿维尔管理学院的成功实践。每年公司在克罗顿维尔开设三期最高级的管理课程，从1984年开始，每一次课程开班韦尔奇都要去与学员们见面。大家在这里感到说话很自由，这种公开而广泛的直接交流让韦尔奇受益匪浅。韦尔奇从不发表演讲，他希望每一个人都能给他以反馈和挑战。

在克罗顿维尔的收获使韦尔奇决心在GE（美国通用电器公司）推行"群策群力"计划，他要让所有的子公司都创造出这种自由沟通的氛围。他不能让公司的领导组织这些交流会，因为他们认识自己的这些员工，人们很难敞开心扉自由交谈。韦尔奇想出的办法是聘请外面受过训练的专业人员来提供帮助。这些人员多数是大学教授，他们听员工们的谈话不会别有所图，员工们与这些人交谈也会感到放心。

在"群策群力"座谈会上，有大约40～100名员工被邀请参加，他们可以自由地谈论对公司的看法，意见整理汇总之后，经理进入会场，他们必须对至少75%的问题给予"是"或"不是"的明确回答。如果有的问题不能当场回答，那么对该问题的处理也要在约定好的时限内完成。由于员工们能够看到自己的想法迅速地得以实施，他们会更为积极地建言献策。

韦尔奇进一步提出"无边界"的理念，他认为，无边界公司应该将各个职能部门之间的障碍全部消除，营销、工程、生产以及其他部门之间能够自由流通、完全透明。无边界公司还将把外部的围墙推倒，让供应商和用户成为一个单一过程的组成部分。此外，它还要推倒那些不易看见的种族和性别藩篱。

无边界公司将不再仅仅奖励千里马，它还要奖励那些甄别、发现、发展和完善了好主意的伯乐。其结果是鼓励公司的各级领导与他们的团队一起分享荣誉，而不是独占，这将大大改善人与人之间的关系。无边界公司还将向其他公司的好经验、好主意敞开大门，例如从日本学习弹性生产，"每天发现一个更好的办法"这个口号出现在世界各地的GE工厂和办公室的墙上。

在随后的几年中，GE的主营业务增长速度翻了一番，尽管业务种类没有增加，但都注入了新的活力。公司的营业收入从1995年的700亿美元增长到了2000年的1300亿美元，营业利润率从1992年的11.5%增长到了2000年创纪录的18.9%。而"群策群力"和"无边界"的新思维方式无疑发挥了极其重要的作用。

韦尔奇的"群策群力"和"无边界"理念，打破了层级与部门的观念，扫除了隔阂与藩篱，不再各自为政，让所有人都能全心投入到那些对企业而言最具建设性的事务中去。

曾任沃尔玛公司首席营销官的卡特·卡斯特说过："最让我感到惊讶的就是，在我成为首席营销官后，我跟除了营销部门之外的其他部门之间的互动与合作越来越多了。在一开始，我并没有意识到这种关联，后来才知道我必须去了解产品供应、盈亏平衡点和会计等管理活动。"

营销是企业与顾客之间的一道桥梁，它为顾客创造价值并使企业盈利。通常来说，企业都会构建一个专门的营销部门，并由该部分负责创造与交付顾客价值，但正如惠普公司创始人之一的大卫·帕卡德所发现的：市场营销是如此的重要，以至于绝不可能使营销变成只是市场营销这个部门的事情。现在，企业都知道每个员工都会对顾客产生影响，并把顾客视为企业繁荣发展的根基所在。因此，它们开始在关键流程中重视跨部门的团队合作，同时，它们也很重视对新产品创造、顾客获取与挽留以及履行订单等核心业务流程的管理。

当你忽视竞争者的时候，他会悄悄闯入你后院

> 公司需要更好地界定并监视它的竞争对手。从未考虑过竞争的企业会蓦然发现这些对手已经来到自家后院了。公司不能只关注邻近的竞争对手而忽略远处的竞争对手和破坏性的技术，也不能没有收集和分发竞争情报的系统。公司必须建立竞争情报办公室，关注竞争对手的员工，留心可能影响公司的技术，准备好竞争对手所准备的资源。
>
> ——科特勒《营销管理》

科特勒特别强调的一点是，企业不仅要关注眼前直接威胁到自己的竞争对手，更要留意到那些潜在的、远处的竞争对手，还有那些破坏性的技术，它们与眼前的竞争对手相比，更具有隐蔽性，也更具有杀伤力。企业如果忽视了这些潜在的对手和破坏性的技术，那么，有朝一日，它们会悄无声息地出现在后院里，给企业以致命的打击。

施乐与佳能在复印机行业的鏖战就是一个值得深思的案例。

施乐公司曾经是美国企业界的骄傲。在复印机随处可见的今天，人们不容易理解最初施乐向市场推出复印机时所引起的轰动。

但在20世纪50年代，用得最多的是一种叫蓝图的复印技术，用它复印出来的东西味道极重，而且湿乎乎的，就像洗相片一样。在这个时候，施乐发明了静电复印机——迅速、洁净而清晰，可以直接使用普通纸。这几乎就是复印机行业的一大革命。施乐当时推出的最著名的复印机，因为使用的纸张尺寸为9×14英寸，所以命名为914复印机。914复印机简直就是施乐公司会生金蛋的鸡，为公司赢来了滚滚财富。靠它，施乐公司1968年的收入突破了10亿美元。20世纪60年代，这么多钱对于一家公司来说，简直就是花不完的。施乐的成功使得当时的人们一想起复印机一定想起施乐这一品牌。施乐成了复印机行业的老大和代名词。

为了保护自己，为了让专利壁垒尽可能无法逾越，施乐先后为其研发的复印机申请了500多项专利，几乎囊括了复印机的全部部件和所有关键技术环节。当这个庞大的技术壁垒完成以后，施乐认为可以高枕无忧了。可惜，以后的事实表明，这个壁垒并不能阻止后来者。美国这类产品的专利有效期为十年，在这段时间里，佳能开始了对施乐的深入研究，它试图从施乐产品那些不能满足人们需要的地方入手，需要没有得到满足，就意味着机会。佳能遍访施乐的用户，了解他们对现有产品不满意的地方，同时走访没有买过施乐复印机的企业，寻找没有买的原因。最后发现这样几点：

第一，施乐复印机是大型的，当时叫集中复印，一个有钱的大企业也最多能买得起一台，因为施乐产品要几十万、上百万元一台，速度和性能非常好，但价格太高，不是每个企业或企业的部门都能消费得起的。

第二，施乐的复印机非常庞大，一个公司假如说是十层楼，一台复印机放在任何一个地方,所有人哪怕复印一张纸也要跑到那里去,不方便。

第三,如果某人要复印一些保密的东西,他不愿意把文件交给专门管复印的人,因为复印机的保密性不好。

针对这几点,佳能提出了解决方案:

第一,设计一个小型复印机,把造价降低到十分之一、十二分之一。

第二,将复印机做成像傻瓜相机一样,简单易用,轻巧便携,不用专人使用。

第三,力求简单、便宜,让每个办公室都可以拥有一台,老板房间可以自己用一台,解决保密问题。

这三个问题都解决了,是不是就可以打倒施乐了?不是!施乐是当时复印机行业的巨无霸,即使佳能能将这种复印机生产出来,施乐只要一反击,佳能很可能就会吃不消,毕竟那时候施乐誉满天下,而佳能还只是一个不太知名的小品牌。

那么怎么办呢?佳能想到了协同竞争,它找其他的日本厂商,如东芝、美能达、理光等。佳能把自己造出来的产品拿给这些企业看,提出联合生产这种复印机。佳能设计了一个其他人难以拒绝的合作方案。如果其他企业从佳能这里购买生产许可,相比于他们自己从头研究开发,投产时间要快一年多,而开发费用只需十分之一。

经过佳能的努力,十来家日本企业结成了一个联盟。这些企业都从佳能那里购买生产许可证,同时针对施乐的"集中复印",推广"分散复印"概念,大举向小型化复印机市场发动集体进攻。于是,施乐的对手从佳能一家一下子变成十几家。这样一来,施乐可就不那么容易夺回失地了。

这种企业联盟还创造出佳能复印机行业领导者的地位。施乐过去的用户都是一些大企业，许多普通人、非专业人员由于没有接触过复印机，从来没有听说过施乐，看到佳能率先推出小型复印机以后，便把佳能认成了复印机行业的老大。

在佳能领导的企业联盟的全力攻击之下，施乐遭遇了全方位的挑战和严重的挫折。从1976年到1981年，施乐在复印机市场的市场份额从82％直线下降到35％。在其后的市场份额争夺当中，施乐也曾经成功地从佳能手中夺取过部分的市场份额，但已经不可挽回地从一个市场垄断者、领导者变成了一个追赶者，而且，这种追赶还很吃力。

施乐公司当初并非没有想到过"分散复印""简单复印"，但是，当时施乐从大型复印机中获利丰厚，又有貌似铜墙铁壁的专利壁垒保护，没有将小型复印机太当回事，因此，才给佳能留下了一个切入口，也丢了行业老大的地位。

俗话说："只见树木，不见森林。"施乐一心防守着大型复印机这一块市场，却没料到，佳能会从小型复印机这里突破，并且，后来居上，击败施乐。这一案例正验证了科特勒的观点——不仅要关注那些直接威胁自己的竞争者，更要提防潜在的威胁者和破坏性的技术。

第三节　大趋势：未来营销唯一不变的就是变化

真正的顾客为王：从参与、互动直至主导

当今的市场，已经不再是昔日的市场了。顾客已经取代生产商、分销商，成为强势、主导的一方。顾客为王。

——科特勒2011年《IT经理世界》采访

科特勒曾经提出，新经济的时代是逆向经济的时代。在过去，顾客处在相对弱势的一方，很多时候都是企业在引导甚至是支配着顾客，而现在反转了，顾客由被动地接受，转变为参与、互动直至主导。有一位营销专家甚至说："现在的企业，从某种意义上说，已经成了代理商——向顾客出租自己的制造设备、物流设施以及其他资源，让顾客去发现、选择、设计，进而使用他们所需要的产品。"的确如科特勒所说的一样，顾客已经取代生产商、分销商，成为强势、主导的一方，这是真正的顾客为王。

企业生存的全部意义，就是在产品、品牌与消费者之间建立起有效连接，随着产品的同质化进一步加剧，产品和产品之间、品牌和品牌之间的差异越来越小，如何让品牌吸引消费者，促成消费者购买呢？让客户充分参与，与客户保持互动，甚至让客户来做主导者，这是一种拉近并深化企业与客户之间关系的好方式。营销人员必须意识到这样一点：一切应以客户为主，未来的世界是客户主导的时代。

有一家房地产开发商准备开发高档别墅，在前期设计时他们就邀请目标客户参与，按照客户的要求来建造别墅。通过与客户的互动，企业不仅满足了消费者个性化的要求，更重要的是企业有了销售量的保证。

再如，一家装潢公司开发了一套三维数字化装潢软件，设计师可以根据顾客的需求，在电脑上设计出直观的三维室内装潢效果图。

在整个设计过程中，设计师随时和客户保持互动，利用软件方便地修改装潢图，最终，不仅装潢的色彩、结构、布局等令客户满意，而且还能让客户选择不同价格的材料；把它们写入施工面积，就能精确地显示出各部位的装潢费用以及总的装潢费用。这样的做法，在提升客户参与度的同时，也为企业带来了巨大的利益。

让客户参与、互动，甚至是主导，是对传统营销中企业对消费者的单向推动的大改变。

随着居民收入的提高、消费意识的成熟以及消费理念的转化，差异消费、个性消费成为时尚，未来营销模式将是一个个性化的客户关系的竞争模式。从以企业自我为中心转向以客户为中心，这不仅有利于客户，更有利于企业。

第一，这种转变非常符合马斯洛的需要层次理论。如果客户能够充分参与到企业的生产经营这个过程中来，他们得到的就不仅仅是产品，而是一种被尊重、被重视以及自我实现的成就感。"DIY"的模式为什么会受到消费者的欢迎，就是因为在"DIY"的过程中，消费者的内心得到了最大程度的满足，这样的产品，不再是企业推销给他们的，而是融合了他们自身心力付出的珍品。他们当然更愿意消费这样的产品。

第二，让客户参与、互动、主导，这跟头脑风暴法、德尔斐法等有异曲同工之妙，企业可以跳出自身的局限，从客户那里获得意见建议与创新的启发。这种"换位思考"会带来全新的观察问题的视角。

第三，以客户为中心，对企业来说，还能带来一个实质性的收获，那就是能帮助企业对顾客需求的未来趋势更早感知、更早察觉、更及时地预测和把握，在制订并实施具体的营销计划时就能做到未雨绸缪，决胜未来了。

客户的参与、互动和主导，不仅缩短了企业与消费者之间的实际距离，并通过消费者积极参与生产的全过程，使企业既可获得大批量生产的规模经济，又能使其产品适应单个消费者的独特需求，既满足了大众化的需求，又满足了个性化的需求，从而实现最大限度地提高消费者满意度这一目的。

全面营销：广泛、整合的视角不可或缺

> 今天的企业正面临前所未有的激烈竞争，而企业如果能从产品理念和销售理念走出而转向全面营销理念，就能有效地应对竞争。全面营销者认为，在营销实践中每个细节都是特别重要的，采纳广泛的、整合的视角不可或缺。
>
> ——科特勒《营销管理》

科特勒所提倡的全面营销观念是由关系营销、整合营销、内部营销和社会责任营销四部分组成的。关系营销强调了外部合作伙伴的重要性，整合营销强调了对系列营销工具的合理组合与运

用，内部营销明晰了内部成员的工作思路，社会责任营销则突出了平衡短期利益与长期利益的必要性。

有专家曾说，80年代的市场是"高生产、快贸易"；90年代商品经济是"跟市场、做推销"；跨入新世纪那几年的市场奉行"打品牌、建销路"；而现在及未来一段时间的市场，则是企业全营销的时代。

"全面营销"观念提倡营销者在通过有效的营销实践活动保证企业内外部"直接利益相关人"（股东、员工、供应商和分销渠道成员等）综合需求满足的同时，还要去践行能够保证"间接利益相关人"综合需求（如社会公众对保护自然资源与环境的需求、顾客需求即时满足与长期健康之间的平衡和社会对弱势群体的关怀等）的组织公民行为。总之，"全面营销"观念是一种要求组织，尤其是商业企业在商业利润、消费者需求与福利、社会经济与人类社会福利等诸方面达到和谐平衡，进而实现可持续发展的营销观念。"全面营销"观念可以被广泛应用到不同行业的营销领域，成为指导企业日常营销行为的有效原则。我们可以先来看一个全面营销的案例。

北京心力源源电子有限公司，其前身北京富达中天电子有限公司，是国内知名的电子通信产品商，在中国市场销售的正品摩托罗拉汽车电话的90%都是由富达中天代理销售的。因此，富达中天是摩托罗拉在中国最亲密的战略合作伙伴之一。早在2000年，富达中天就获得了摩托罗拉的授权，成为中国内地唯一全权代理其汽车电子及汽车通信产品的经销商。在推广摩托罗拉汽车电话的时候，心力源源公司打了一场漂亮的全面营销的仗。

这次活动，由2002年初发起，心力源源公司宣布，活动期间，任何拥有汽车的消费者个人或者单位客户，可以完全免费得到一部摩托罗拉汽车电话，并可以与心力源源公司签订正式赠送协议，从而得到法律保护。受赠人所履行的义务很简单：只需要将按照正常要求的汽车保险费交纳，或者转移，或者延伸到心力源源公司的合作保险公司那里即可。年"赠送"的总量达到了1.4亿元人民币。

这个模式创造了一种全新的市场模式：无竞争市场。以完全免费的方式赠送给消费者高价值的名牌产品。而一般的制造商或者代理商是不大可能有实力并能够如此深刻把握转型期中国消费者心理，来大胆执行这个免费模式的。

当然，这种免费也并非无偿，否则这个快乐的循环链的发起者心力源源公司之举无异于竭泽而渔。其实，心力源源在实施方案之前已和中国平安保险公司签署了协议，作为平安的保险代理，从车主交纳的车保费中获得8%的正常与合理的返利。消费者的车保也只是按照正常的标准交纳，并无涨价。心力源源要求消费者稳定投保的期限也并不长，仅仅两年。两年之后，按照赠送协议，消费者可以完全拥有这部电话的产权。

2002年，舒尔茨教授到访中国时，听说了这个案例，他称赞说："在心力源源这个案例中，消费者得到了满足，而且没有付出额外代价；保险商得到了稳定和高价值的客户；代理商得到了合理的佣金；心力源源获得了市场、品牌和资金回报。这样就形成了一个良性的闭环财务系统，没有任何资源的浪费。"

心力源源通过与直接消费者、保险公司、代理商等利害关系者的沟通，组成一个"快乐的商业链"，由于这个商业链本身就是一个良性的物流和财务的回环，所以才能顺利地完成产品的销售任务。这是一个良性的全面营销的过程。

"全面营销"观念的提出与不断完善，向我们揭示出市场营销——"建立和管理可盈利的顾客关系"，本身是一个处于不断变化的动态管理过程。在未来，只有那些融"关注顾客需求、获取合理利润、平衡社会福利"为一体的营销设计，才能让企业在市场竞争中赢得更响亮的掌声。

差异化：成为与众不同的"紫牛"

> 差异性市场营销针对不同细分市场，设计不同服务产品，制定不同的营销策略，满足不同的消费需求。越来越多的公司已开始采用差异性市场营销战略，差异性市场营销往往能带来比无差异性市场营销更大的总销售额。
> ——科特勒《市场营销教程》

雅虎前营销副总裁赛思·高丁曾提出——今天的营销竞争如同一群带着花斑的牛在前行，你分辨不出任何差异，这时一头紫色牛的出现，才会吸引你所有的关注。差异化就是让企业成为那头引人注目的"紫牛"。

科特勒大力倡导的STP营销，也就是市场细分（Segmentation）、目标市场（Targeting）、定位（Positioning），其中很关键的一个要点就是差异化，企业通过市场细分选定目标市场，然后进行差异化的定位，让自己从激烈的市场竞争中脱颖而出。

差异化市场营销战略与无差异化市场营销战略，二者各有利弊。无差异市场营销是指企业在市场细分之后，不考虑各子市场的特性，而只注重子市场的共性，决定只推出单一产品，运用单一的市场营销组合，力求在一定程度上满足尽可能多的顾客的需求。其优点在于：第一，它比较有效地适用于广泛需求的品种、规格，款式简单并能够标准化大量生产、大量分销的产品。它可凭借广泛的分销渠道和大规模的广告宣传，往往能够在消费者或用户心目中建立起"超级产品"高大而不可摧的形象。第二，它可大大降低成本费用。这是无差异营销战略的最大优点。首先，标准化和大批量生产可降低生产成本、储存成本、运输成本。其次，无差异市场营销的广告等促销活动可缩减促销费用。最后，它不必对各子市场进行市场营销研究和计划工作，又可以降低市场营销研究和产品管理成本。第三，它简单易行，便于管理。单一的市场营销组合便于企业统一计划、组织、实施和监督等管理活动，减少管理的复杂性，易于操作。

然而，无差异市场营销战略的弊端也是明显的。首先，消费者需求客观上千差万别并不断变化，一种产品长期为所有消费者和用户所接受非常罕见。其次，当众多企业如法炮制，都采用这一策略时，会造成市场竞争异常激烈，同时在一些小的细分市场上消费者的需求得不到满足，这对企业和消费者都是不利的。最后，当其他企业针对不同细分市场提供更有特色的产品和服务时，采用无差异策略的企业可能会发现自己的市场正在遭到蚕食但又无法有效地予以反击。正由于这些原因，世界上一些曾经长期实行无差异营销策略的大企业最后也被迫改弦更张，转而实行差异性营销策略。例如，曾被视为实行无差异营销典范的可口可乐公司，面对百事可乐、七喜等企业的强劲攻势，也不得不改变原来的策略，一方面向非可乐饮料市场进军，另一方面针对顾客的不同需要推出多种类型的新可乐。

相比之下，差异性市场营销战略的优点在于：

第一，它可以通过不同的市场营销组合服务于不同子市场，更好地满足不同顾客群的需要。

第二，企业的产品种类如果同时在几个子市场都具有优势，就会大大增强消费者对企业的信任感，进而提高重复购买率，从而争取到更多的品牌铁杆忠诚消费者。

第三，它对企业市场经营风险的分散具有重要意义。

第四，它可通过多样化的渠道和多样化的产品线进行销售，通常会有利于扩大企业的销售总额。

差异化市场营销需要对不同的细分市场采取不同的营销策略，针对不同的细分市场做不同的广告促销，这就导致了营销成本的额外增加，这也是差异化营销战略的一大不足。

唯有让产品成为本行业中的"紫牛"，让产品与众不同、出类拔萃，才有可能在不消耗大成本的广告运作下使企业扩大市场规模。正如紫牛在一群普通的黑白花奶牛中脱颖而出一样，真正的营销应该是会让人眼睛为之一亮的、可以把人们的注意力恰到好处地引向我们的产品和服务的一门艺术。

精准营销：广泛的精准和精准的广泛

精准也就意味着会获得更高的效率，即用更低的成本去做更多具体的事情。在现代追求高效率以及存在诸多需求的市场中，精准营销无疑会让企业获得巨大优势。

——科特勒2011年GMC总裁论坛巡回演讲

科特勒认为，市场细分最终的层次将会"细分到个人"，甚至是"定制营销""一对一营销"。当今的顾客在决定购买什么和如何购买时，已经具有了很大的主动性。他们登录互联网，浏览有关产品与服务的信息和评价，与供应商、用户和产品的批评者进行交谈。在很多情况下，他们还可以设计自己想要的产品。面对这样的顾客，千篇一律的产品已经很难对他们构成冲击力和吸引力。企业必须开展精准化的营销。

传统的营销模式有些类似于战争中的狂轰滥炸，而精准营销就如同现代战争中利用先进的定位系统来有效击中目标的做法。当产品日趋同质化、价格战使得利润空间日渐趋薄的时候，企业为了在竞争中体现出差异性，纷纷高举服务牌、文化牌和品牌等。面对这种情形，谁能够把握客户的需求，分析趋势、把握潮流，将个性化服务视为营销的重要组成部分，谁就能够将营销工作做深、做细、做透，能够牢牢占据更多的市场份额。

精准营销，简而言之，就是如何增加营销效益。一方面，营销开始更加重视技术，比如营销的数据化、自动化，另一方面，营销的过程不仅仅只是涉及创新，还必须考虑到财务因素，进行投资回报的计算。我们不可否认，精准营销的优势符合现代市场经济发展的需要，而且其必将成为未来的营销发展趋势。"有的放矢"的战略更能帮助企业赢得"竞赛"。

华院分析技术（上海）有限公司的技术总监何直曾经对淘宝网上的一些高端皇冠店铺做了一次深入的调查，调查发现，很多淘宝大卖家现在面临发展瓶颈，其中一个最大的问题是他们已经面临精确营销的挑战。

何直说，淘宝网商经过数年的快速发展，已经涌现出数万家年销售额超百万、千万的皇冠卖家。

这些大卖家在发展过程中，虽然也探索和创新了许多营销手段，但总体来说还是传统的营销方式。

第一种是以低价为卖点，争夺的是传统渠道的客户资源，但现在，这种方式的竞争力已经明显弱了很多，淘宝网上有些商品已经便宜得离谱，出现了"没有最便宜只有更便宜"的奇怪现象。拼低价的营销模式难以维系持续发展。

第二种则是拼广告，在产品种类饱满、竞争激烈的淘宝网上，要想获取新客户的注意，打广告成了很多商家不得不选的方法。淘宝网上选择做直通车的网店越来越多，这种继续拼投入的方式很多卖家已无法承受。

这些问题困扰着淘宝网商。而对此，何直开出的药方是：以最快的速度熟悉网络上的精确营销。

从以产品为中心，转向以客户为中心；从抢新客源为重，转向新老并重，关注回头客生意；从粗放营销转向精确营销；从凭感觉营销转向可精确度量的营销。

譬如，淘宝网上一家三皇冠的店铺，是何直重点调查的一家，该店店主说，她从何直的调查数据中学到了很多，有些数据让她很诧异，比如客户的购物周期："我以前根本不知道我的客户购物周期是多少时间，现在我很清楚地知道是平均120天。这个时间比我想象的要长。我还知道了自己店铺里有多少客户是睡眠客户，怎么去激活他们。"

"比如，和蛋白粉关联最紧密的东西是钙、B族维生素和维生素C，我现在就学会了把这几个产品打包卖，或者在产品描述上面的相关推荐中有针对性地放上上述产品，缩短客户的购物路径，这样才是真正的关联推荐。以前的方法是在所有产品上面都生硬地放上几个广告商品，那样客户的体验是非常不好的。"

"比如发促销信息，现在我促销什么产品，就发什么人群，没有目的地群发很浪费。"该店主已经学会了用数据工具方便地归类人群，"以后我会慢慢转型成为某类人群服务，这是未来商业零售的趋势。以前都是我有某种商品，然后找客户。现在我想转型成先锁定一群人，然后分析他们的需求，再帮他们找东西，倒过来做，因为现在物质很丰富，组织产品的难度并不是太大。"这位店主的第一个营销策划，是想帮助减肥的人找健康食品，她认为这就是为人群服务。

何直在总结这次调查时，说了这样一番话："如果说拼价格、拼广告是针锋相对的搏杀，精确营销开启的则是没有硝烟的战争。后知后觉者将在悄无声息中被蚕食，而先行者将确立在此战场上的竞争优势！"

何直的这番话值得每一位从事营销工作的人深思。精准营销，它寻求的是一种广泛的精准和精准的广泛。

广泛的精准是指，面对广泛的消费群体，企业不可能做全网的营销，只能针对自己的目标群体，选择自己的精准客户进行营销和推广。

而精准的广泛如何理解呢？当企业走上了精准营销的道路，如果只能找到一个人，而不是一万人、一百万人甚至更多的人，那么这样的精准是没有任何价值的。所以说，在确定精准路线后，企业要找到足够量的符合要求的客户人群，实现精准情况下的广泛。

第二章 营销战略与管理：为企业勾勒蓝图

第一节　成功的营销是精心策划出来的

没有认真计划，那么你正在孕育失败

> 制订计划并不好玩，并且它还要消耗工作时间。然而企业必须进行计划。倘若失败地做出计划，那么你正在计划失败。正式的计划能为各式各样的企业，无论大小和新老，带来许多益处。
>
> ——科特勒《市场营销教程》

科特勒强调，所有的企业都必须向前看并且制定一个长期战略，以适应本行业中不断变化的各种条件。在形势、机遇、目标和资源一定时，每个企业都必须找到最合理的战略。

许多企业在经营时没有正式的规划。在那些刚成立不久的企业中，管理层忙着维持企业的生存以至没有时间来制订计划。在小企业里，很多经理都认为只有大企业才需要正式计划。而在成熟企业，许多经理又坚持说他们没有正式计划也做得很好，因此计划并不太重要。他们可能会拒绝"浪费"时间制订一个书面计划。他们可能会争辩说，市场变得太快了，计划只能等着积灰尘，根本没用。

"倘若失败地做出计划，那么你正在计划失败"，机会是留给有准备的人的，在市场营销中也一样，缺乏一个切实的计划，必

然不会得到市场的青睐。计划能够激励管理层去系统地思考已经发生的、正在发生的以及将要发生的事情。一个清晰明确的计划，往往还能帮助企业完善与实现其目标和政策，能够协调好各个部门之间的工作。同样，一个全面且实际的计划还能够应付不断变化的市场需求。

完整的营销计划制订流程包括：扫描企业的内外部环境，确定企业在特定时期内要实现的目标及实施规划，在此基础上，将企业的计划细分，确定各部门的工作目标，制订各部门的工作计划。

企业在制订营销计划时，容易出现三种问题。

第一，计划不完整。比如，缺少对企业内外部环境的整体扫描，容易出现企业营销计划方向不符合企业实际情况的问题；再如，制订计划时，没有处理好营销计划和企业战略规划的关系；或者企业缺少战略规划，这都会导致营销计划缺乏方向性。

第二，计划目标不切实际。这是企业制订营销计划时常犯的一种错误，营销计划最突出的特点是其目标在特定的时期内是可以实现的，这就要综合考虑企业的人力、物力、财力情况，确立切实可行的计划目标，否则制订的计划只能是空中楼阁，遥不可及。

第三，营销计划缺少细分。企业的生产、销售、财务、市场等职能部门彼此独立，按照各自职能独自运作，而企业营销计划需要将各职能部门的职能工作与企业的计划结合起来，这就需要确立各职能部门的工作目标及其相应工作内容。

在营销计划工作中，企业最高层要扮演战略决策者的角色，要能够从战略的角度审视企业全局，对企业的发展方向做出判断。

另外，企业营销计划是企业整体战略规划实施的重要组成部分，因此，在制订企业营销计划之前，企业需要明确其战略发展方向，并且将企业的营销计划与战略规划有机结合起来。

所有公司总部都在从事这样四项计划活动

> 所有公司总部都从事以下四项计划活动：一是确定公司使命，二是建立战略业务单位，三是为每个战略业务单位配置资源，四是评估增长机会。
> ——科特勒《营销管理》

科特勒将公司高层管理者最为关键的计划活动划分为四大项：第一项就是确定公司使命。

公司使命就是战略管理层为公司定下来的总方向、总目的和总体的指导思想，它能够表明本公司与其他公司的差异所在，能够界定公司的主要产品、目标群体以及服务范围。公司使命是公司战略制定的前提，也是战略执行的基础，它能为公司的发展指明方向。

有句古话是这样说的："执道循理，必从本始。"这句话的意思是说要找到问题的最终答案，就要溯本求源，而对于一个现代公司来说，公司使命就是一切公司行为的"本"。像福特公司，它的创始人亨利·福特很早就为公司树立了这样一个共同的使命："我将有一个伟大的目标：建造每一辆汽车……它要很便宜，使得那些没有很高收入的人也能买得起，从而使他们能与家庭一起分享上帝赐予我们的快乐时光……马车将会从公路上消失，拥有汽车将会变成一件理所当然的事……为此我们要让大量的工人在更好的收入下工作。"正是这样的一种使命，使得福特一度成为汽车业的霸主，取得了长远的发展。

确定公司使命是一切公司计划的根与本。一个没有使命的公司，即使是在短时期内取得了市场成功，也会失去长久发展的动力，是不可能走远的。

第二项是建立战略业务单位。

战略业务单位是公司的职能单元，它有独立的业务，有具体的任务，有自己的竞争者，有一定的资源，有自己的一套管理班子，它可以独立地计划业务。战略业务单位就像一个个细胞一样，只有强大的战略业务单位联合起来，才能构成一个强大的公司。

公司需要有自己核心的战略业务单位，它能在一个多元化经营的公司或集团中占据核心的竞争优势，并创造主要的利润收入。这样的战略业务单位在公司所有的业务组合中一定是在该行业中最具有竞争能力的。它的存在可以给市场和消费者传达一个明确的概念——我（公司）主要是做什么的。

第三项是资源的分配。

一个拥有多个战略业务单位的公司，资源的分配是一个很关键的环节。资源分配的主与次、多与少在很大程度上会影响到每一个战略业务单位的表现与效益。

公司的资源是多方面的，但最重要的两大类就是财务资源和人力资源。财务资源是支撑公司发展的最关键的资源，"钱多好办事"，这句话未必准确，但是有一定道理的，没有资金财力上的支持，战略业务单位即使做出了出色的规划计划，也仍然会寸步难行。人力资源也是各个战略业务单位所看重的，有了高水准、能力强的人才队伍，业务才能顺利地、快速地推进。

可以说，资源分配是战略规划的核心任务。公司要根据各战略业务单位对整个公司战略的重要性来设置财务资源和人力资源分配的优先权与比重，以实现资源的高效利用和最大回报。

第四项是评估增长机会。

一个绝佳的市场机会，足以让一个公司快速壮大，甚至是起死回生。公司在评估增长机会时，首先要判断的是市场定位，一个好的增长机会必会有其特定的市场定位。公司要评估市场定位是否明确、顾客需求是否明晰、顾客接触渠道是否流畅、产品是否有持续衍生力等，由此来判断此机会可能创造的市场价值。

接下来，公司要评估的是市场结构和规模，要看围绕该增长机会，进入障碍如何，供货商、顾客、经销商的谈判力量如何，还有替代性竞争产品的威胁，以及市场内部竞争的激烈程度如何等。这个增长机会能创造一个多大的市场规模？在这个市场中成长速度和利润空间如何？这些都是公司需要研究的。

此外，公司还要评估市场渗透力以及投资回报率。公司的能力与实力是否能够驾驭这个市场机会，是否能够获得可预期的盈利，是否能够抵御其中的风险，以及应该选择什么样的最佳时机进入，等等，每一点都不容轻视。

这四项就是公司总部最应该重视的计划活动，只有将这四者梳理清晰，公司这艘大船才能行得稳、行得快。

有效而清晰的使命声明能让企业走得更稳更远

企业制定使命声明的目的，是使管理人员、员工和顾客可以共享公司的使命（在许多情况下是这样）。一份有效而清晰的使命声明往往可以使员工对组织目标、方向和机会达成共识，并提供指导。当公司的使命能够反映公司的远景——一个"几乎不可能实现的梦想，可以在未来的10年到20年里为公司提供发展方向"，就达到了使命的最高境界。

——科特勒《营销管理》

科特勒认为，一个好的企业使命声明或者说企业愿景往往具有以下五个显著特点：第一，它们集中在有限的目标上。"我们要生产最高质量的产品，并以最低的价格建立最广泛的分销网络和提供服务。"这样的使命声明听上去还不错，但实际上却由于目标太多而导致目标不明确。第二，使命声明应该强调公司的主要政策和价值观，并有助于对员工的自主范围进行限制，从而使员工的努力与组织目标保持一致。第三，使命声明应该明确公司想要参与竞争的主要领域与范围。第四，使命声明必须立足于长期视角。使命声明必须具有持久性，管理人员只有在使命变得与企业目标完全不相关时，才可以改变或调整公司使命。第五，使命声明应该尽可能简单、容易记忆和意味深长。

企业使命声明是企业未来的目标、存在的意义，也是企业之根本所在。它是指，根据企业现有阶段经营与管理发展的需要，对企业未来发展方向的一种期望、一种预测、一种定位。它回答的是企业为什么要存在、对社会有何贡献、未来的发展是什么样子等根本性的问题。

日本松下电器的创始人松下幸之助有这样一个习惯，每当有人晋升为中层经理时，他都会向这些中层的管理者讲述松下的使命声明是什么。松下这么做的用意在于：

首先，告诉中层，松下是一个有愿景的企业；

其次，给中层以信心；

最后的一点，就是让这些中层能够根据整个企业未来的发展，制定自己的生涯规划，使个人生涯规划与企业的使命保持方向一致。

如果一个企业有清晰明确且有效的使命声明，员工就会追随它，而不至于迷失方向。许多杰出的企业大多具有一个特点，就是强调企业使命声明的重要性，因为唯有借重于它，才能有效地培育与鼓舞组织内部所有人，激发个人潜能，激励员工竭尽所能，增加组织生产力，达到顾客满意度的目标。

企业的使命声明不只专属于企业管理层所有，企业内部每位成员都与之息息相关。企业使命声明的作用是促使组织的所有部门拥向同一目标并给予鼓励。同时，它也是员工日常工作中的价值判断基准。

在树立使命声明的时候，企业需要遵从这样几点：

第一，要确立焦点，比方说，海尔将焦点放在创中国的世界名牌上，这样一个焦点不仅能带来高曝光率，也能增强品牌的影响力和号召力。

第二，要持久一贯。如果企业今天是这个使命，明天是那个使命，换来换去的话，那么，比没有使命还要糟糕。使命声明需要长期的坚持，持久一贯，能为企业带来惊人的累积效果。

第三，要能将使命声明和品牌结合。一个结合品牌和使命声明的方式，就是选择一个和本业紧密相关的议题领域。例如：美国 Merck 公司的"帮助同疾病斗争的人"。

第四，取个响亮的名字。在宣扬企业使命声明时取个响亮的名字，往往能取得极佳的效果。例如，麦当劳为疾病儿童建立了一个温暖的治疗之家，就取名为"麦当劳之家"。响亮的名称能让主张更清楚，让影响更加深刻。

营销策划是一个周密而系统的六步过程

> 营销策划包括六个步骤：情景分析、目标、战略、战术、预算和控制。
>
> ——科特勒《科特勒说》

在企业的经营过程中，营销策划是非常重要的一个环节，它决定着在未来的一段时间内企业应该做什么，应该怎么做。科特勒将营销策划分成了六个步骤，每一个步骤都不可或缺，任何一步的缺失都可能会导致营销策划无法有效地执行到底。

第一步，情景分析。

情景分析是为了让企业对所处的大环境、小环境都能有一个全面而清晰的了解和把握。情景分析重点需要关注的是这样四个方面：

其一，宏观环境。企业需要对所处环境的各种宏观力量进行分析，这包括人口环境、经济环境、技术环境、政治法律环境、社会文化环境等等。

其二，市场状况。掌握目标市场的规模及其成长性的有关数据、顾客的需求状况等。

其三，竞争状况。判断企业的主要竞争者，并摸清楚竞争者的规模、目标、市场份额、产品质量、价格、营销战略及其他的有关特征，以了解竞争者的意图、行为以及竞争者的变化趋势。

其四，机会与风险分析。就是对计划期内企业营销所面临的主要机会和风险进行分析，对企业营销资源的优势和劣势进行系统分析。科特勒建议企业变SWOT分析（优势Strengths、劣势Weaknesses、机会Opportunities、威胁Threats）为TOWS分析，也就是先分析威胁与机会，再分析劣势与优势。科特勒认为，这两种模式虽然针对的是四个同样的要点，但是，后者分析思维的顺序是由外而内，而不是由内而外的，相比之下，后者更理性、更实际一些，它可以防止企业根据自身的优势来选择性地认识外部威胁和机会。

第二步，确立目标。

通过情景分析，企业需要判断出那些最好的机会，然后，需要对这些机会进行排序，由此出发，确定目标市场，设立目标，并制定完成时间表。

确定营销目标是企业营销计划的核心内容，目标要用数量化指标表达出来，要注意目标的实际、合理，并应有一定的挑战性、开拓性。目标应重点从两方面去定义。

其一，财务目标，也就是确定每个战略业务单位在计划期内所要达到的财务报酬目标，这包括投资回报率、利润额、利润率等指标。

其二，营销目标，主要由这些指标构成，如销售收入、销售量、销售增长率、市场份额、品牌知名度、分销范围等等。

第三步，制定战略。

任何营销目标都有许多达成途径，而战略的任务就是要选择最有效的行动方式来完成目标。制定营销战略，包括了目标市场选择和市场定位、营销组合策略等。企业要明确营销的目标市场是什么市场，如何进行市场定位，如何树立品牌形象，企业要采用什么样的产品、渠道、定价和促销策略，等等。

第四步，制定战术。

战术是将战略充分展开成细节，包括产品、渠道、定价和促销的具体营销方案和企业内营销相关人员的任务与时间表。根据营销战略制订详细的行动方案，也就是要理清楚这样的一些问题：要做什么？何时开始？何时完成？谁来做？成本是多少？怎么操作？整个行动计划要具体说明每一个时期内应执行和达成的目标，以及时间安排、任务要求、费用开支、人员分配，等等，使营销战略能落实于行动，并能循序渐进地贯彻执行。

第五步，制定预算。

预算就是企业为了达到其战略目标所计划的一系列行为和活动所需要花费的成本。制定预算，一方面要定下企业预期的销售量与销售收入总额，另一方面要将生产成本、分销成本以及营销费用等都考虑进来，而且要制定再细分的明细支出，预计出支出总额与各部分的支出额度。预计销售收入与预计支出之间的差额就是预计利润。预算是企业材料采购、生产调度、劳动人事以及各项营销活动的依据。

第六步，控制。

控制就是对营销计划进行检查和控制，以监督计划的进程。企业必须设立检查时间和措施，及时掌控计划完成情况。如果计划进度滞后或遇到问题，企业可以通过对目标、战略或者各种行为的修正或调整来纠正这种局面。

为便于监督检查，企业应将计划规定的营销目标和预算按月或季分别制定，营销主管每期都审查营销各部门的业务实绩，检查是否完成了预期的营销目标。凡未完成计划的部门，应分析问题原因，并提出改进措施，以争取实现预期目标，使企业营销计划的目标任务都能落实到位。

这六个步骤环环相扣，企业如果能够一步一步地执行到位，那么营销策划不仅能更贴近现实，更能保障最后的完成结果与效果。

第二节　先想"做什么"，再想"怎么做"

优胜劣汰，规划出最佳的业务组合

> 在企业使命和目标的指导下，管理部门现在可以着手规划企业的业务组合。所谓业务组合，是指组成企业的业务和产品的集合。最佳业务组合是指使企业的强项和弱项最好地适应环境所提供的机会的业务组合。
>
> ——科特勒《科特勒市场营销教程》

科特勒指出，企业要规划出最佳的业务组合，需要从两方面着手：其一，分析现有业务组合，并决定对哪些业务追加、减少或不进行投资。其二，为业务组合中增添的新产品或业务制定增长战略。企业通过对各项业务进行评估，对盈利的业务追加较多的投资，而对软弱的业务则会逐步减少投资或者放弃。

科特勒认为通用电气就是一个很好的例子，它通过有技巧地规划并管理其业务组合，抛弃了许多业绩不高的业务，如空调、家居用品等，只保留了那些在行业中数一数二的业务，最终成长为世界上规模最大、盈利性最高的企业之一。

乔布斯曾说："我们所需的只是四大产品平台，如果我们能够成功构建这些平台的话。我们就能够将 A 级团队投入到每一个项目中，而不需要使用 B 级或者 C 级团队。也就是说，我们可以更加迅速地完成任务。这样的组织结构非常流畅、简单，容易看明白，而且责任非常明确。"当其他公司都在追求把产品做全的时候，乔布斯却一直在做着减法，规划苹果的最佳业务组合。

在乔布斯逝世之后，李开复在一次采访中曾经这样说过："乔布斯最狠的地方是他回去苹果之后，砍了公司里杂七杂八的项目，他看到当时的苹果内部非常混乱，于是就非常简单地说：'我们只需要四个产品。'针对不同的用户，用四个产品规划了一个二乘二的矩阵，这是一个经典例子。"

当年乔布斯重返苹果后，他看到的是一家产品种类复杂、庞大的公司，苹果销售的产品大概有 40 种，涉及从喷墨打印机到 Newton 掌上电脑等各种产品。

所有产品中很少有占领市场主导地位的。而且这些产品中的一类又有多个系列，每个系列又有十几种型号，不同型号产品之间的差别很小，名称让人困惑。乔布斯对此感到不可思议，他说："我看到的是数目繁多的产品。太不可思议了。于是我开始问公司员工，为什么推荐 3400 而非 4400？为什么直接跳到 6500，而非 7300？三个星期后，我依然无法弄清楚到底是为什么。如果连我都无法弄懂这一点的话，我们的顾客怎么可能弄清楚？"

乔布斯提出："如果苹果公司要生存下去的话，我们就一定要砍掉更多的项目。我们要有焦点，做我们擅长的事。"

他在一次大型产品战略会议上喊道："这真是疯了。"他抓起记号笔，走向白板，在上面画了一根横线一根竖线，做成一个方形四格表。"这是我们需要的。"他继续说。在两列的顶端，他写上"消费级"和"专业级"。在两行的标题处，他写上"台式"和"便携"。他说，他们的工作就是做四个伟大的产品，每格一个。他开始了大刀阔斧地削减产品线，苹果公司的产品一下子被缩减到了四种。

此后，乔布斯也一直保持着产品规划的聚焦与集中。从他重掌苹果至他因病离任，苹果公司最多也只涉及六大产品：台式电脑、笔记本电脑、显示器、iPod以及iTunes。后来又增加了迷你Mac、iPhone和AppleTV以及一些附件。

在乔布斯看来，太多的公司把摊子铺得太大，它们生产大量产品，以降低风险，最终都流于平庸。

而苹果公司的做法是聚焦、简化，把手中所有的资源集中在几样产品上，从而保持A级战斗力，让每一款产品都卓尔不群。

优胜劣汰是市场的游戏规则，同样，也是企业在规划其业务组合时的游戏规则。企业资源是有限的，如果什么都想做，反而什么都做不好，更不用说构建企业的核心竞争力。

所以，企业必须像通用电气，像乔布斯那样，做减法，做规划，摒弃弱项，甩掉包袱，保留强项，并使之更强。

找准战略业务单位，力争数一数二

管理部门进行业务组合分析的第一步，是鉴定企业的关键业务，这些业务被称为战略业务单位。所谓战略业务单位，是指具有单独的任务和目标，并可以单独制订计划而不与其他业务发生牵连的企业的一个单位。战略业务单位可以是企业的一个部门或部门内的一个产品系列，有时可以是一种产品或品牌。
——科特勒《科特勒市场营销教程》

科特勒认为，很多大型企业往往都同时经营着一系列不同的业务，而且每项业务都有着独特的战略，像通用电气公司就曾把自己所经营的业务划分为49个战略业务单位。通常，战略业务单位具有以下这样三个主要特征：

第一，它是一项独立的业务或相关业务的集合体，而且在计划工作时能够与该公司经营的其他业务分离开来而单独编制计划；第二，它有自己的竞争对手；第三，它有专门的经理人员负责战略计划、利润业绩，而且该经理可以控制对利润产生影响的大部分因素。

对企业的关键业务进行鉴定，是为了制定独立的战略，并分配适当的资源。在公司的业务组合中，既有昨天的辉煌业务，也有明天可以支撑企业生存或成长的业务，既有价值潜力巨大的业务，也有鸡肋型的业务。企业需要对这些业务一一进行鉴定区分。

一般来说，企业的业务单位可以简单地划分为四大类：

一是问题类。这一类"战略业务单位"是高市场增长率和低相对市场份额的，多数"战略业务单位"最初都处于这一类。该类单位需要大量资金，因为企业要进一步提高这类业务单位的相对市场份额。因此，企业的最高决策者要慎重考虑经营这种业务单位的获利性，以做出正确的决策。

二是明星类。问题类的"战略业务单位"如果经营成功，就会转入明星类。这一类单位是高市场增长率和高相对市场份额的单位。这一类单位因为迅速增长，同时要击退竞争对手的攻击，投入也会是巨大的。由于产品都有其生命周期，这一类单位的增长速度会慢慢降低，最后就转入金牛类。

三是金牛类。明星类的"战略业务单位"的市场增长率下降到10%以下，就转入金牛类。金牛类的"战略业务单位"是低市场增长率和高相对市场份额的单位。这一类单位因为相对市场份额高，盈利多，现金收入多，可以为企业创造现金流。企业可以用这些现金来支援其他业务单位。

四是瘦狗类。这是指低市场增长率和低相对市场份额的单位，盈利少或亏损。这类业务一般不在保留之列。

在将企业的业务单位进行区分之后，企业需要制订业务组合计划，并确定对各个业务单位的投资战略。企业通常采用以下四个战略：

一是发展策略，即提高产品的市场占有率，有时甚至不惜放弃短期收入来达到这一目的，因为提高市场占有率需要足够的投资和时间才能奏效。

二是维持策略，也就是保持业务的地位，维持现有的市场占有率。在产品生命周期中处于成熟期的业务，大多数采用这一策略。

三是收缩策略，即追求业务的近期收入，不考虑长期影响，这是为了短期内增加投资收益率而牺牲长期收益的做法。

四是放弃策略，也就是出售产品不再生产，把资源抽出来用于其他业务。这种策略适用于没有太大发展前途的瘦狗类或问题类业务。

企业要找准自己的关键业务，除了从目前各业务的市场增长率和相对市场占有率去判断外，还要重点考虑两大因素：一个是行业吸引力，这取决于行业市场规模、市场增长率、利润率、竞争激烈程度、周期、季节性、规模效益等因素；另一个则是企业战略业务单位的业务力量，也就是竞争力，它包括了相对市场占有率、价格竞争力、产品质量、顾客了解度、推销效率、地理优势等。从这些角度出发，企业可以甄选出最值得投入的战略业务单位。

企业目标不是成长，而是盈利性增长

> 如果企业想更有效地进行竞争，满足其股东的需要，吸收高层人才，那它就需要高速的增长。企业应小心，不要将成长本身设为一个目标。企业的目标必须是"盈利性增长"。
> ——科特勒《科特勒市场营销教程》

"企业目标不是成长，而是盈利性增长"。——科特勒的这一提醒很值得企业去深思。许多企业，特别是熬过生存期进入成长期的企业，往往会过度地追求将企业做大，一心想要四面出击，快速扩张。表面上看，企业规模一天比一天大，员工人数一天比一天多，貌似蒸蒸日上，但实际上，很多都只是假象，企业的确在成长，但却不是"盈利性增长"。成长如果只有速度，而没有质量，那么对企业来说不是福，反是祸。

盈利性增长是一种理性健康的成长，它在注重发展速度的同时，更加注重发展质量。当量的追求与质的目标发生矛盾时，企

业应始终坚持质量优先、效益优先，确保盈利性增长。与其盲目地多点出击，全面开花，企业不如通过加快技术进步，调整改善结构，全面推进精益管理，加强全价值链成本管理控制，提高投入产出效率，改善各项业务的收益性，提升整体的盈利能力。

那些卓越绩效型的企业指的是能有效地平衡当前需求和未来机遇，在收入、利润增长和股东回报方面持续超越竞争对手，并能在历经了时间、业务周期、行业分化和领导层更替等考验后持续保持绝对优势的企业。

贝恩管理咨询公司在2012年5月曾发布一份研究报告称，企业要想获得持续的盈利性增长，就应围绕正确的核心业务进行扩张，而不是单纯追求扩张的速度和广度。贝恩对12个发达和新兴经济体超过2000家公司进行了研究发现，企业为了追求新的增长点，往往会受盲目多元化策略的驱使，将最多的资源投入到实力最弱的业务中，而忽略甚至过早放弃了强大的核心业务。贝恩通过这次研究指出，强大的核心业务是企业获得竞争优势的关键来源和取得领先地位的根本因素，深耕核心业务是发掘潜在利润的有效手段，也是成功实现业务扩张的最佳经营之道。调查还表明，在那些创造的价值持续超越资本成本的企业里，95%都是其各自核心业务领域内的市场领导者。

需要注意的是，核心业务不能狭义地定义为企业销售的主要产品和服务，或是所在的主要市场。其定义应更为广泛，通常由几项资产和能力构成，包括品牌、知识产权和人才等无形资产，以及差异化生产系统和技术、以客户为导向的创新体系、最佳的供应链管理以及世界一流的营销能力等。

很多企业家喜欢为"做大还是做强"而争论，有的人认为他们的企业必须做到最大，才能做到最好。为什么这么多企业对规模如此看重？因为规模自然可以带来生产效率的提高，这也就意味着更强的品牌效应和更大的市场份额，而且更有能力应付愈演愈烈的外来竞争，用一些企业家的话来说就是："大到让别人无法吃掉你。"

这样的观念，在一个静态的市场或许适用，但在当下这样一个竞争格局中，所谓的"规模经济"效应往往很难发挥出来。市场环境瞬息万变，新技术和竞争对手层出不穷，客户的需求也在不断改变，很多规模庞大的企业反而无法迅速做出反应，导致企业绩效严重下滑，这种现象被经济学家们称为"规模不经济"。

很多原本走专业化路线的企业，由于过于追求"做大做强"，反而陷入了泥沼之中。而能冲破盲目扩张的误区，坚持盈利性增长的企业，方能更健康、更平稳地发展。

企业三种通用战略：总成本领先、差异化和聚焦

> 企业的通用战略可归纳为三种类型：总成本领先战略、差异化战略和聚焦战略。这为公司进行战略性思考奠定了基础。
>
> ——科特勒《营销管理》

科特勒所提及的"总成本领先战略、差异化战略和聚焦战略"源自迈克尔·波特的三大竞争战略理论。

第一，总成本领先战略。

实施这一战略的企业往往努力实现生产成本和分销成本的最小化，以便能够以低于竞争对手的价格获得较大的市场份额。如

果消费者对价格很敏感，产品和服务的价格弹性较大，那么努力获取成本优势、成为行业中总成本最低的公司不失为一种好的竞争途径。总成本领先战略一般在以下情况时更容易获得成功：

市场上的产品或服务基本上是标准化的，而且产品或服务差异化的途径并不多；

行业中各公司的价格竞争十分激烈；

价格是决定顾客购买的主要因素，价格弹性较大；

顾客转换供应商或品牌基本不需要什么成本，而且顾客有很强的价格谈判能力；

竞争对手在相比之下，获得低成本的优势并不容易，而且也难以模仿到降低成本的方法。

总成本领先战略有两种基本方式：一是利用成本优势及产品、服务的价格弹性，以低于竞争对手的价格吸引顾客；二是保持现有的价格及市场份额不变，而是通过提高单位产品和服务的利润率来提高公司的总利润。像美国西南航空公司就是成功实施总成本领先战略的代表。

这一战略的确是许多公司攻城略地的有力武器，但它同时具有很大风险。这主要体现在：

一是容易被后来者模仿，使企业深陷价格战中不能自拔，导致极低的利润率；

二是公司过分追求低成本，而忽视了对顾客需求趋势的关注与跟进，使得低廉的产品或服务再也难以吸引顾客，或者顾客转向那些差异化、高质量、高价值的产品与服务，使得低成本优势失去意义；

三是在向国际市场扩张时，外国政府为了保护本国市场，很可能对低价商品发起反倾销调查,近年来中国纺织品、鞋类产品、家具、家电等公司在国际市场遭遇的反倾销调查及配额设限就是明显的例子。

所以,总成本领先战略有利有弊,企业应在此基础上,尝试建立新的竞争优势,如通过产品、服务、技术或者经营模式的创新来提高公司的盈利能力与水平。但无论如何,不管企业实施何种战略,成本控制都是必需的。

第二,差异化战略。

差异化战略的核心是向顾客提供对顾客来说有价值的、与众不同的、具有独特属性的产品或服务。采取这一战略,企业需要确保自己的产品或服务的差异化特征必须是顾客认为有价值的,必须与竞争对手的同类产品或服务有明显且容易辨识的区别,而且这种差异化还不容易被竞争对手模仿或复制。

持久的差异化,尤其是建立在产品革新、技术创新、优质的顾客服务基础之上的差异化优势,跟公司的核心能力和竞争力往往有着密切的联系。

企业实行差异化的途径有很多种,例如,产品差异化、服务差异化、渠道差异化、采购差异化、制造差异化、形象差异化等等。

在市场需求快速变化、顾客日益追求个性的现代社会,产品或服务的差异化战略已经成为许多公司追求的首选竞争战略。

第三,聚焦战略。

这一战略是指公司把力量集中在一个或几个范围相对较窄的细分市场上,在该特定市场建立起竞争优势,比竞争对手更好地服务于这一特定市场的顾客,并以此获取高的收益率。聚焦战略可以是聚焦于某一特定的顾客群，或是某一特定的市场区域，或是某特定用途的产品等。

尽管公司舍下整个市场，而取其中一个细分市场，但由于可以集中资源和精力向特定的顾客提供更好的产品和服务，因此，公司仍然可以通过聚焦战略获得超过平均水平的收益率。在以下这样几种情况下，聚焦战略更容易获得成功：

公司所聚焦的目标市场足够大，而且具有较大的增长潜力，能够保证公司的盈利；

行业中有多个细分市场，而且没有一家公司有足够实力全面进入各个细分市场；

公司具备服务于某个特定聚焦市场的资源和能力；

公司所聚焦的这块市场不是行业中主要竞争者的重点市场，或者这些竞争者在该市场没有很强的竞争优势。

在进入目标市场后，企业要尽快通过聚焦战略建立竞争优势，构筑一定的进入该市场的壁垒，以防御后来的挑战者和潜在的进入者。

第三节　营销管理，把战略计划落到实处

从营销角度出发 CEO 可分成四种类型

> 根据经营一家公司时思考营销的不同角度，我把 CEO（首席执行官）分成四种类型——"1P 式 CEO""4P 式 CEO""STP 式 CEO""ME 式 CEO"。
>
> ——科特勒《世界经理人》采访

科特勒从营销角度区分CEO类型的方法新颖而有趣。他认为，根据思考营销的不同角度，CEO主要有四种类型：

第一类CEO是"1P式CEO"，他们把营销看作1个P的职能，这个P就是促销，也就是通过各式各样的促销手段，例如拼价格、买赠、加大人员推销力度等方式来达成营销目标。这类型的CEO看待营销的视角是极为狭隘的。

第二类CEO是"4P式CEO"，他们能够制订较为完善的营销计划，重视产品、定价、渠道、促销这四者的每一个环节，这样的CEO已经具备了一定的营销水准。

第三类CEO则是"STP式CEO"，他们冷静而理性，在4P之前，他们会先对市场进行细分，选择最适合自己企业的目标市场，然后进行定位和差异化。这是睿智型的CEO，在他们眼中，战略性营销要优先于策略性营销。

第四种CEO是"ME式CEO"，"ME"代表"营销就是一切"（Marketing is everything）。这类CEO深知营销对企业的意义与分量，他们在运营企业时，一切以营销为先，一切以营销为重，他们会调动上下所有人员，为企业的营销目标服务，打造出全员营销型的企业。这样的企业在市场竞争中无疑会拥有更强的竞争力和更好的发展前景。

所有的CEO，如果想要企业获得长足的发展，在市场中有持续的、上佳的表现，就都应该从"1P式""4P式"向"STP式""ME式"转变，最终站稳在"ME式"的层级上。坚持这种"营销就是一切"的理念，CEO是有可能将一个企业带向全新天地的。

比方说，雅芳最令人瞩目的女性CEO钟彬娴，她在接掌雅芳帅印时，这家公司正遭遇巨大危机，业绩极度下滑，股票一落千丈，公司很不景气，原来的CEO查尔斯·佩林引咎辞职。

钟彬娴接下这个"烫手山芋"后，展开了一系列以营销为核心的变革，她亲自主导，大刀阔斧地重新创建雅芳的营销体系，除了雅芳的原则、价值和公司的诚信，钟彬娴几乎改造了一切，用她的话说就是："这个品牌，它的形象、生产技术、销售渠道、激励体制、价值链，以及企业更高效的运作方式、盈利方式都变化了，现金流也变化了。"

从营销入手的这一场大变革，使得雅芳这个百年公司重新焕发生机，它不仅走出了低谷，而且股价上涨达23%，年营业额超过60亿美元，还被《商业周刊》评为全球"最有价值的品牌"百强之一。

还有飞利浦公司也是如此。飞利浦旗下各个事业部都设立有一个首席市场官（CMO）。公司还规定，所有业务部门的主管都要有市场营销背景。

在中国市场，飞利浦专门成立了"飞利浦中国市场营销委员会"，由各个事业部总经理组成，高度重视市场，全力为顾客实现价值创新。在新技术革命的浪潮冲击每一个生产领域的时候，飞利浦能够抢先向市场提供新设备、新材料、新的消费品，并因此赢得顾客，赢得市场。在实施技术创新时，飞利浦坚持将技术与市场的需求，与顾客的要求相结合。

不管是意见和建议，还是抱怨或投诉，飞利浦都会真诚地听取这些来自顾客的声音，他们坚信，顾客所反映的正是公司需要寻找和解决的不足之处，搜集顾客的抱怨和意见来改进产品正是产品适应市场的过程。飞利浦会以最快的速度、最先进的技术来实现用户需求的满足。

营销是一切企业活动的核心。企业核心竞争力的构建和提升，离不开对市场的了解、开拓和占领，离不开消费者的喜好和认知。

企业的CEO应当以营销为中心，以市场为导向，以顾客价值的提升为方向，这样才能争取到更多的优质顾客，赢得企业的成功。

杰出营销的关键不在于做什么，而在于做成什么

> 一个杰出营销企业，它的杰出并不在于"它做什么"，而在于"它做成什么"。营销执行是一个将营销计划转变为具体任务，并确保按计划要求实现目标的过程。如果执行不力，一份出色的战略营销计划就毫无价值。
>
> ——科特勒《营销管理》

科特勒认为，在营销活动中，战略解决"是什么"（what）和"为什么"（why）的问题；而执行解决"谁"（who）、"何地"（where）、"何时"（when）、"如何做"（how）的问题。它们是密切联系的。有关管理实践的研究表明，持续的高绩效往往依赖于充分的执行能力、着眼于高目标的公司文化、灵活的组织结构和明确而聚焦的战略方案。

有一个真实的案例很多人都曾经听过：

一家工厂破产后被日本某企业收购。厂里的人都翘首盼望着日方能带来让人耳目一新的管理方法，让这家厂子起死回生。但出人意料的是，日本企业收购后什么都没有改变，制度没变，员

工没变，机器设备也没变。日方只立了一个规矩：把先前制定的制度坚定不移地执行下去。结果不到一年，这家工厂就扭亏为盈。这其中的关键在哪里？两个字——执行，把已定的制度规则全部执行到位。

营销的战略制定得再怎么尽善尽美，没有有效的执行，它就只能是镜花水月。杰出的营销不仅要能明确做什么，更要能做成，能执行，能将战略和计划"兑现"。

杰克·韦尔奇有一次到中国演讲，台下的很多企业家听后觉得有些失望，好像没取得什么真经，没什么新意，就对杰克·韦尔奇说："你所说的这些常识我们都知道。"杰克·韦尔奇则回应说："你说得对，这些原则你们都知道，但我做到了。"

任何企业要发展壮大，必须在每一个环节、每一个阶段都做到一丝不苟，否则，一个环节、一个岗位、一个人员出了问题，就会像烂苹果一样迅速将箱子里的其他苹果腐烂掉，影响其他的环节，这样企业的发展也会被慢慢腐蚀掉。

企业中执行不力的"烂苹果"必须剔除，否则企业无法变强。杰克·韦尔奇对待公司中的"烂苹果"就从不手软，他的做法是——每年，我们都要求每一家GE旗下的公司为他们所有的高层管理人员分类排序，其基本构想就是强迫我们每个公司的管理者对他们领导的团队进行区分。

他们必须区分出：在他们的组织中，他们认为哪些人是属于最好的20%，哪些人是属于中间大头的70%，哪些人是属于最差的10%。如果他们的管理团队有20个人，那么我们就想知道，20%最好的四个和10%最差的两个都是谁，包括姓名、职位和薪金待遇。

表现最差的员工通常都必须走人。将"烂苹果"挑出来，就是为了保证整个团队的执行力。

马云曾经说过："比起一个一流的创意、三流的执行，我宁可喜欢一流的执行、三流的创意。"什么是一流的执行力？按培训师余世维的观点，执行力就是保质保量地完成自己的工作和任务的能力。这中间有四个字最为关键，那就是保质保量。把战略和计划保质保量做下来，这就是执行力。

执行力是企业的核心竞争力。有执行力的企业会在市场竞争中获得成功。企业能够赢得市场，站稳脚跟，完美执行是其制胜的法宝之一。

执行不到位，营销战略就会打水漂；执行不到位，客户就会对企业失去信心；执行不到位，企业就难以将构想变成现实。"做成什么"比"做什么"，更能决定企业营销的成败，更能决定企业的生死。

企业应该在短中长三个规划期的视角下进行管理

> 我们认为，企业需要制定三个层次的规划：短期、中期（三至五年）和长期。在常态时期，每家企业都应该将其项目和措施放进三个方框里：短期、中期和长期。一家企业可能会将50%的项目放入第一个方框，30%放入第二个方框，20%放入第三个方框。如果第三个方框中一个项目都没有，它就不是一家拥有大胆创新意识的富有挑战性的企业！
>
> ——科特勒《混沌时代的管理和营销》

科特勒指出，在常态时期，很多企业都能准备好三个方框，做好短中长期的规划，但当企业受到动荡冲击时，许多企业可能就会改变这些比重。

惊慌失措的企业很可能会将全部资源都投入到短期项目中去，甚至会放弃很多短期项目，而对于中长期项目，他们则很难顾得上了；而冷静的企业在将主要精力投入短期项目的同时，可能会继续开展中期规划中的一些项目，但很可能没有时间去关注长期规划的项目了。只有那些明智的企业会继续原有的规划，在三个方框中都保留一些项目，尽管数量上会有所减少，但绝不会放弃中长期的规划。

科特勒认为，冷静的和明智的企业，特别是明智的企业，更有可能在动荡冲击之下生存下来，而且还会拥有长远而强劲的未来。

明智的企业会在短中长三个规划期的视角下进行管理。员工会被长期规划的愿景所激励，也会被中期规划的挑战所推动。不仅员工是如此，其他的利益相关者，像供应商、分销商、投资者等，也是如此。

有一位管理大师曾说过这样一句话："既要有'近忧'，又要有'远虑'。在做决策的时候，必须将长远发展与权宜之计通盘考虑。"

一个企业如果缺乏长期规划，其短期效益的取得未必能够给企业带来正面的影响，甚至有可能成为发展的包袱。

很多企业不缺长期规划，只是在忙于实现短期、中期规划的过程中，渐渐偏离了长期规划。时间长了，长期规划就变得模糊，甚至是面目全非了，结果有的企业就干脆放弃了长远规划，走一

步算一步:

作为管理者,他的特定任务在于。

首先,他要规划出一个整体目标,并使得整体目标的绩效大于部门目标的总和,同时要保障整体目标的顺利实现。

其次,管理者要深入分析每一项决策和行动的可行性,并有效协调近期目标和远期目标,不能顾此失彼。

倘若管理者没有远虑,不能规划好企业的长期目标,那么企业在市场中很容易陷于被动地位。管理者在做出企业决策的同时,必须将长远发展与权宜之计通盘考虑。

管理者要将近期和远期作为两个时间维度,即使不能使两个维度的决策保持一致,至少要在两者之间找到一个平衡。

的确,有时候,企业不得不为了当前利益而牺牲未来,但必须把握好这种牺牲的尺度,如果当前的利益将为未来埋下巨大的隐患,甚至危及企业的长远发展,那么,这样的当前利益就不可取。

集中精力完成重要的短期目标,同时不断密切关注长期远景,这样的公司才能实现非凡的收入增长。

策略趋同:任何行之有效的营销策略都会被模仿

今天的市场没有永远的赢家。随着市场和技术变化日新月异,营销战略过时比以往快得多。任何行之有效的策略都会被模仿。正是这样的"策略趋同"造成了"策略无效"。公司必须向他们的竞争者和世界级的企业看齐以确保核心业务的竞争力。企业的战略思维不仅包括对现在境况的判断,更应包括对未来可能的情形及其对企业影响的设想。

——科特勒《科特勒说》

2011年科特勒考察三一重工时曾说过这么一句话:"5年内,如果你在企业经营方式上一成不变,那么你最终将会被市场淘汰。"之所以会如此,是因为现在的市场、技术、环境变化太快了,尤其是网络发展起来后,基本上这一刻什么概念流行起来了,下一刻就有人跟风甚至超越了。就如科特勒所言"任何行之有效的策略都会被模仿",有了"策略趋同",就会造成"策略无效"。

伴随着技术的突破、新的竞争同盟、消费者需要和偏好的变化等因素的多变,一个已经在市场上确立其地位的企业都有可能在一夜之间被挤垮。企业要在竞争中生存下来,在营销策略上创新是必需的,但仅仅创新又是不够的,因为很容易被别人跟风模仿,企业必须持续不断地对其营销策略进行创新,而不能停留在过去取得的一两次成绩之上。

有一个故事,流传很广,很多人对这个故事几乎是耳熟能详,但这个故事很能说明"持续创新"的重要性。

在某山区,乡民们很多都靠山吃山,开山为生,他们将山上的石块砸成石子运下山去,卖给建材商。而其中有一个年轻人却从不这么做,他直接把石块运到码头,卖给外地搞园林建筑的商人。因为这儿的石头总是奇形怪状,很有观赏性,他认为卖重量不如卖造型。于是,三年后,他成为村里第一个盖起瓦房的人。

后来,山区不许开山,只许种树,于是这儿又成了果园。等到秋天,漫山遍野的鸭梨招来八方商客,商客们把堆积如山的鸭梨成筐成筐地运往大城市,有的还通过港口销往国外。因为这儿的梨汁浓肉脆,鲜美无比,所以客商络绎不绝。就在村里人为鸭梨带来的小康生活欢呼雀跃时,曾经卖石头的那个年轻人却卖掉果树,开始种柳。因为他发现,来这儿的客商不愁买不到好梨,只愁买不到盛梨的筐。五年后,他成为第一个在城里买房的人。

再后来,一条铁路从这儿贯穿南北,北到北京,南抵九龙。小山区更加开放,果农也由单一的卖水果开始涉及果品的加工及市场开发。就在一些人开始集资办厂的时候,这个年轻人在他的地头砌了一座三米高百米长的墙。这座墙面向铁路,背依翠柳,两旁是一望无际的万亩梨树。坐火车经过这儿的人,在欣赏盛开的梨花时,会清晰地看到墙上的四个大字——可口可乐。据说这是五百里山川中唯一的广告。这个年轻人凭着这墙,每年凭空多出了几万元的额外收入。

有一次,日本一家公司的负责人山田来华考察。当他坐火车路过这个小山村时,听到这个故事,他被主人公罕见的商业头脑所震惊,当即决定下车寻找这个人。当山田找到这个人的时候,他正在自己的店门口跟对门的店主吵架,因为他店里的一套西装标价800元时,同样的西装对门就标价750元;他标价750元时,对门就标价700元。一个月下来,他仅仅批发出8套西装,而对门却批发出800套。山田看到这情形,以为被讲故事的人骗了。但当他弄清楚事情的真相后,立即决定以百万年薪聘请他,因为对门那个店也是他的。

这个人所做的就是不停地在营销策略上进行创新。别人开山卖石子,他就卖整块的石头;别人卖鸭梨,他就卖柳筐;别人办工厂,他就做广告;就连开店,他都一明一暗开两家,抬着杠地卖。他的任何一步策略其实后来者都可以很快地加以模仿,但关键在于，他从不给别人模仿他的机会，他不断地更新自己的策略，不断地创新，别人想跟都跟不上。

企业也应该如此，如果是营销战略的引领者，那么，应不断地提升并尝试新的营销策略，不应止步不前；如果是营销战略的跟随者，那么，不能东施效颦，而应该借鉴性地学习，选择性地采纳。很多企业为了提升自身的营销能力，会以巨额的成本去购买一些领先企业的成熟制度或战略模式在本企业实施推广，但这样的标杆学习方式往往效果并不好。盲目地模仿别人的战略和策略成功率并不高。

策略趋同带来的结果就是竞争恶化，利润锐减，赔本赚吆喝。正是在这些策略趋同的悲剧下，使策略倡导者变成后来者的垫脚石，更使战略追随者变成了无头苍蝇，最终搅乱的是整个行业的氛围和风气。所以说，企业要根据自己的实际情况进行策略的创新，并且要不断地创新，真正做到"人无我有、人有我优、人优我新、人新我变"。

第三章 消费者：企业存在的目的与根基

第一节　顾客为什么购买：影响消费者行为的因素

消费者的购买行为受文化、社会、个人因素的影响

> 购买者行为受到三种主要因素的影响：文化因素（文化、亚文化和社会阶层）、社会因素（相关群体、家庭、角色和地位）、个人因素（年龄、生命周期阶段、职业、经济环境、生活形态、个性和自我观念）。所有这些因素都为如何更有效地赢得顾客和为顾客服务提供了线索。
>
> ——科特勒《营销管理》

科特勒指出，对消费者的购买行为影响至深的三大因素分别是：文化因素、社会因素和个人因素。

首先是文化因素。它的影响则是最为广泛和最为深刻的，它是影响人的欲望和行为的最基础的决定因素。低级动物的行为主要受其本能的控制，而人类行为大部分是学习而来的。在社会中成长的儿童通过其家庭和其他机构的社会化过程学到了一系列基本的价值、知觉、偏好和行为的整体观念。每一文化都包含着能为其成员提供更为具体的认同感和社会化的较小的亚文化群体，如民族群体、宗教群体、种族群体、地理区域群体等。

一个想打入中国市场的美国清洁剂厂商投放了一则广告，我们以该广告为例来说明：人们在兴高采烈地抛帽子，在所有帽子中，有一顶绿色的帽子特别起眼，因为它洁净如新，这顶绿帽子最后落到了一位男士头上。

先不说这则广告能否体现产品的特色和卖点，能否达到传播效果，但从绿色这一色彩的使用，就足以预见这家厂商的产品在中国市场的命运。因为在中国传统文化中，人们以"被人戴绿帽子"暗示妻子的不贞。在这样的广告宣传下，即便其产品质量再好，哪位丈夫还愿买它，哪位妻子还敢买它呢？市场营销中的大量实例表明，色彩这一文化因素在营销中发挥着经济、政治、法律等其他因素所不能替代的作用，对营销的成败有着不可低估的影响。

色彩仅仅是文化因素中的一个小点。每个文化都包含小的亚文化，亚文化包括国籍、信仰、种族、地理区域等，理解亚文化可以帮助营销人员更具体地进行细分识别。当一种亚文化的影响力足够大的时候，公司通常需要设计特别的营销计划来为之服务。要读懂消费者群体的文化因素，企业需要下大力气去努力。

第二个是社会因素。消费者的购买行为总是受到诸多社会因素的影响。社会因素包括消费者所属群体、家庭以及社会角色和社会地位。每个人都在一定的组织、机关和团体中占有一定位置，每个位置也就是其所扮演的各种角色。例如一个男子不仅扮演父亲和丈夫的角色，而且还可能是公司的总经理、某个登山协会的会员等。个人角色不但影响一般的行为，还会影响到购买行为，而且多种角色的消费需求可能不一致。比如，作为父亲，会触发你的许多有利于儿子成长的消费需求；同样作为丈夫，会激起你源自对妻子关爱的一些消费需求；作为公司管理人员，则会使你产生维护自己与团队利益的一些消费需求。

社会阶层是由具有相似的社会经济地位、利益、价值倾向和兴趣的人组成的群体或集团。社会阶层具有四个特征：一是处于同一阶层的人，行为大致相同；二是人们都依其社会阶层而占有优劣不等的社会地位；三是一个人处于哪一个阶层，不是由某一种因素决定的，而是由一系列因素决定的，如职业、收入、财富、教育、价值取向等；四是一个人在其一生中，其社会阶层并非一成不变，而可能由高层跌入低层，也可能由低层进入高层。企业了解这些特征，可以专门生产和经营适合某个或某些社会阶层所需要的产品和劳务。

第三个因素是个人因素。购买者决策也受其个人特征的影响，特别是受其年龄所处的生命周期阶段、职业、经济环境、生活方式、个性以及自我概念的影响。消费者的购买行为会受其动机、感觉、经营和态度等方面的因素支配，而且随着经济的发展，个人因素对购买行为的作用会越来越大。不同的人用不同的方法同时看到同一事物的结论是不一样的，同样，同一个人在不同的时间用不同的方式看同一事物，结论自然也不同，这就是感觉的作用。

一个人的选择是文化、社会、个人这些因素之间复杂影响和作用的结果。其中很多因素是营销人员所无法改变的。但是，营销人员必须尽可能去了解它们，进而适应它们，引导它们，最后影响甚至改变它们。

核心价值观决定了消费者的长期决策和需求

消费者的决策受核心价值影响，核心价值观是指由消费者的态度与行为所构成的一个信念系统。核心

> 价值观比态度或行为更深入存在于消费者心中，它决定了消费者的长期决策与需求。锁定消费者价值观的营销人员认为如果能吸引人们内在的自我，就能影响到他们外在的自我，即他们的购买行为。
>
> ——科特勒《营销管理》

消费者的行为是受其价值观支配的。有一个众所周知的故事很能反映不同国别的消费者在消费价值观上的巨大差异——两个即将走完一生的中美老太太碰到一起，中国的老太太说："我辛辛苦苦一辈子，攒了一辈子的钱，终于可以买房子了。"而美国的老太太说："我终于把住了一辈子的房子的贷款还清了。"同样买了一套房子，一个住了一辈子，一个还没有享受过，这两种截然不同的消费价值观反映了中西方消费观的差异。

核心价值观是在一段较长的时期内形成并被广泛持有的居于主导地位的一些基本的价值观念，这些观念很大程度上影响消费者的消费行为和习惯。受中国传统文化观念的影响，中国的消费者也形成了自己的核心价值观念，这些是营销人员一定要去发现并加以重视的。

比方说，家庭至上的观念。在中国这个儒家思想根深蒂固的社会，家庭有着很深刻的含义。家庭的和睦、幸福、小康是很多人为之奋斗的目标。孝顺和尊敬父母也是传统的美德之一。像"孝敬爸妈还是'脑白金'"正是抓住了子女的软肋，抓住了一个"孝"字。很多商家在春节和中秋节等传统节日，都会大打广告，鼓励消费者向自己的父母送礼物，如营养保健品，来表示对父母的关爱。围绕家庭这个概念，营销人员能够做出很多的"好文章"。

从家庭延伸开去，我们还能发现一种消费者对本土、本地的热爱。市场营销人员应该意识到，在消费者乐于尝试新鲜事物的同时，他们在内心深处更有一种对本土的文化、传统和品牌的认同。因此他们在购买东西时，很多时候，信赖和支持的还是本地品牌，希望本地品牌能够得到良好的发展。所以，品牌传播应注意到这一点，在本土、本地上发掘产品的卖点与特色。例如，非常可乐一直强调"中国人自己的可乐"，就是为了勾起消费者的本土、爱国观念。

还有，追求社会认可与尊重。根据马斯洛的需求理论，在物质需求得到满足之后，获得尊重和自我价值的实现成为追求。中国的消费者现在正在从物质层面向精神层面过渡，重视他人和社会的评价，追求外界的认可和尊重，譬如，买了辆好车需要炫耀，买了套名牌服饰需要更多人知道，请重要客人吃饭要去豪华饭店、要上好酒，等等。为了"面子"观念，很多消费者可以违背内心的真实想法，去迎合别人的看法，也正是这种"面子"情结，让更多的消费者喜欢买品牌的东西，喜欢买昂贵的东西。简单地打个比喻，就好比肚子饿了，要去吃饭，饿了是现实的需求，而选择去五星级酒店吃饭还是路边的大排档就是心理需求了。

如果仔细地观察，在很多家庭会发现这样一种现象，摆放在客厅的很多家电像电视机、音响等都是大品牌的，而摆放在厕所、阳台的一些家电，像洗衣机就很可能不是那么大牌了。这其中的原因很简单，客厅里的家电是朋友来可以看到的，是一个家庭的"脸面"，而摆放在偏僻角落的东西不是每个朋友都会去看的，相比之下，就要随意一些。从这样的一些小细节中，也可以看出面子观念对消费者的影响有多深。

现在的消费者思维与行为都变得越来越复杂，他们不会轻易相信营销人员的推销术语的。他们只相信"自己认为的事实"，只认可自己眼中的价值观。营销人员再也难以单纯地采用一招半式来征服消费者，而应该把准消费者的价值观念，并且迎合这种价值观，从而让消费者产生"自己认为的事实"。

营销者要关注消费者的人生大事或重大变迁

> 营销人员还应该考虑到消费者的人生大事或重大变迁，如结婚、生子、患病、搬迁、离婚、职业生涯改变、孤寡等都会导致新的需要；这些都能提醒服务提供者，如银行、律师、婚姻、求职、丧葬咨询机构等应当对他们提供协助。
>
> ——科特勒《营销管理》

购买者的决策也受到个人特征的影响，这些特征包括年龄、生命周期阶段、职业和经济情况、个性和自我概念、生活形态和价值观。这其中许多因素对消费者的行为具有很直接的影响。科特勒曾经在"科特勒（中国）战略营销年会"演讲中分享过这样一个案例：

有一个英国的公司，它是超市行业的第一，大家看看这家公司，能够学到很多的东西，特别是搞食品行业的，更能学到不少的东西。他给每一个客户发一张卡，然后这个公司就会了解这个客户今天买了什么，只要你在他的店里购物了，他就有一个清单，每周他都有记录，所以这个公司有一个非常非常大的数据银行，可以进行一些数据的处理。数据的整合、数据的处理可以帮助他们了解趋势，比如说是不是更多的人买了一些小的包装，而不是买这种大包装的食品，也许更多的人他们对那种蓝色的包装，而不是绿色的包装更感兴趣，另外他们也了解了一些买家的分类，这家公司基本上把客户分成了一千多个群体，你们可能觉得一家市场最多也就四五个分区，他们把市场分成了一千多个区。你这么想一想，如果说你现在在这个公司的信息部门工作，那你知道有一些家庭突然开始买婴儿食品了，这能告诉你什么？为什么会这样？那他们家里一定出了什么事情，他第一次买婴儿食品你会怎么想？那不是说他们突然想吃小孩儿食品了，那一定是他们家里有了新生儿。因此，这家公司就邀请了刚刚升级为母亲的人来聚会，来讲座，分享怎么样给婴儿进行营养的补充……这是信息的力量，如果你了解你的客户在买什么，你可以做很多事情，你可以进行分区、客户的细化，你可以建立各种各样的社区，就是说有很多人和你是合作伙伴，他们是消费者，从你这里获得价值。

科特勒所举的这个案例很有启发意义。这家超市从信息中挖出了很多的宝贵机会。一个家庭开始购买婴儿食品了，公司就针对这样的家庭开展一系列针对性的后续营销，既拴住了顾客，又提升了自己的销售额。可见，营销人员如果能关注消费者的人生大事或重大变迁，那么获益不仅丰厚，而且会是长期性的、持续性的。

比如在美国，有一代人非常有特色，他们被称为"婴儿潮"一代，"二战"之后，美国百废待兴，很多男性从战场返乡，结婚生子，从1946—1964年，这18年间婴儿潮人口高达7800万人，平均下来就是每位女性要生4个小孩。这一代人在过去近20年内主导了美国社会的方方面面，特别是在2005—2006年之间到达了他们的消费巅峰，那个时候也是房地产泡沫的巅峰时期。

同样地，在中国，也有一代特殊的群体，他们就是"80后"，"80后"的人口数超过两亿，这一代人经历了互联网的兴起，被称为独生代或新新人类。而今，这个群体正走向成年，如果说10年前"80后"的"独立""叛逆"和"娱乐"精神带给中国社会一个思想的浪潮，那么，如今的"80后"已经从"思想新秀"开始走向"消费新秀"。今天的他们基本都已经走上社会、参加工作，年龄偏大的"80后"已经过了而立之年，正处于职场上的黄金阶段，不仅趋于成熟，而且有了一定经济实力，成为一股不可小看的消费生力军。从他们的消费特征上看，他们与"70后"、"60后"有着较大的差别，"80后"这一代追求多变、刺激、新颖的生活方式，不愿意拘泥于教条、固化和墨守成规。他们崇尚品质生活，对各类名牌产品如数家珍。很大一部分的"80后"将大量的精力和财力投入到网络上，网上购物日渐成为"80后"的主要购物方式。据淘宝网分析，未来随着这一人群的成长，他们将成为网络消费的主体力量，对整个社会的消费模式将产生深刻影响。更加值得一提的是"80后"的"提前消费"意识。他们是敢于"花明天的钱，圆今天的梦"的人群。正因为这样，他们常常被人们称为"月光族"。这一点，也使得他们迥异于"70后"和"60后"。

举"婴儿潮"和"80后"的例子，是为了说明，营销人员可以对目标消费群体进行这样的代际划分，不同的代际人群之间有着鲜明的差别，而同一代际人群之间又有着显著的共性。这种差别和共性能帮助营销人员设计出更符合某一代际人群的营销方案和计划。

第二节　消费者的购买决策心理与行为

消费者典型的购买决策会经历五个阶段

> 营销研究者开发了一个购买决策过程的"阶段模型"。消费者会经历五个阶段：问题认知、信息搜索、方案评估、购买决策和购后行为。很清楚，购买过程早在实际购买发生之前就开始了，并且购买之后很久还会有持续影响。
>
> ——科特勒《营销管理》

科特勒总结说，消费者典型的购买过程包括这样几个步骤：问题认知、信息搜索、方案评估、购买决策和购后行为。对于营销人员来说，购买决定是导致购买行为的关键，但前三个阶段都能影响到购买决定阶段，即整个购买决策过程的阶段是环环相扣的，因此，营销人员需要关注的是整个购买过程，而不是只单单注意购买决定。

第一，问题认知。

引发购买者的动机，是整个购买过程的开始。一个产品要能销售出去，首先应该能让消费者"注意"及"知道"这个产品的存在。所以新的产品推出时，沟通的目标就应该是帮助消费者认识这种产品。让消费者意识到自己的需要和需求，这既可以凭借内在刺激唤起，也可以借助于外在的刺激。比方说，一个人渴了、饿了，他会去主动寻找可以喝、可以吃的食物，而另一方面，饮食店通过色香味俱全的鲜美食物也可以刺激人的饥饿感。营销人员一方面要帮助消费者认识到其自身需求，另一方面更要主动地去激发、去引导消费者的需求。史玉柱当年在江阴市场推广脑白金的例子就很经典，他在深入走访江阴市场后，免费向市民派发出了大量的脑白金产品，市民们感受到效果后，纷纷去药店询问，而看到广告的市民也四处打听哪里可以购买。问的人多了，经销渠道自然就打开了。他走访市场，赠送产品，大打广告，其实就是为了培育这个市场，进而引发消费者的关注与追捧。引导消费者认识自身需求、认识产品，这是将产品营销出去的第一步。

第二，信息搜索。

当消费者意识到自己有某方面的需求时，一般会主动地去获取信息，进行信息的搜索，以了解产品的特性、功能与价值。在这个过程中，消费者会多方面、多渠道地搜集信息，企业广告宣传、网络、熟人介绍，等等，都是消费者常用的信息渠道。

第三，方案评估。

消费者在掌握了足够的信息后，会对这些信息进行分析、对比，以选出自己最为满意的方案。不同消费者评价产品的标准和方法会有很大的差别。就拿衣服来说，有人喜欢大品牌的，有人喜欢款式新潮的，有人喜欢布料安全无刺激的，等等。当消费者充分认识到产品的优点后，自然而然会对其进行评价，并与同类产品相比较，从而得出好或不好的印象。消费者可能喜欢某一产品，但并不特别偏爱，营销人员要做的就是设法建立消费者的偏爱。

第四，购买决策。

消费者即使对自己的需求有了认知，也搜集了信息，并进行了评估，但未必就会将购买行为落实了。

营销人员要想促成消费者的购买行为，那么，一方面，要向消费者提供更多详细的有关产品的情报，便于消费者比较优缺点；另一方面是要通过各种销售服务给顾客提供方便，加深顾客对企业及产品的良好形象，促使其做出购买企业产品的决策。

第五，购后行为。

消费者购买了产品，并不代表一切就结束了。就像科特勒所说"购买过程早在实际购买发生之前就开始了，并且购买之后很久还会有持续影响"。消费者购买产品后，往往会通过使用，通过家庭成员与亲友的评判，对自己的购买选择进行检验和反省，重新考虑购买这种产品是否明智、效用是否理想等，形成购买后的感受。

很多营销人员过于偏重售前，而忽视售后，这是一种典型的营销短视。消费者对企业真正形成印象往往是从购买了产品、使用了产品之后开始的，双方之间的信任关系也是从此刻才开始真正起步。

因此，销售圈子里有句话说："真正的销售是从售后开始的。"营销人员要重视消费者在购后的使用情况和感受，争取与顾客建立长期、紧密的合作关系。

人类学研究，从宏观上把握消费者心理

人类学研究是一种特殊的观察方法，研究者通过使用人类学和其他社会科学领域中的一些概念和工具，能够对人们的生活与工作方式得到深层次的了解。这种方法的目的是研究者通过深入消费者的生

活，以揭示用其他研究方法所不能清楚表示的消费者无法言传的需要。

——科特勒《营销管理》

科特勒所提及的人类学研究是一种新的研究方式，它把焦点放在观察人们的日常行为上，比方说，食品企业会去观察人们是如何吃饭喝饮料的，清洁用品制造企业会观察人们是如何清洁、打扫的，化妆品企业会去观察人们的肌肤问题并观察他们是如何应付的……人类学研究是观察人们在干什么，而不是问人们在干什么，这样能给企业带来最有益的信息。观察消费者的日常行为比收集客户对产品的主观反应和评价更能让企业获得突破性的启示和灵感。

很多成熟的企业在进行营销活动时，非常注重人类学研究这种方法，它们通过这种方式去了解最为真实的消费者群体。

美国某研究团队曾在香港电信、金山工业和摩托罗拉资助下对中国香港普通居民进行为期六周的生活观察。他们拍摄了数千张照片和一些居家生活的录像，包括居民们在烧菜、打电话、帮助小孩做作业、把工作带回家完成以及其他生活中的细节。尽管这些照片和录像第一眼看上去很杂乱无章，然而，经过分析后的结果立即就显示，从这些资料中除了发现三个可预见的市场领域外，还发现了六个此前从未考虑过的潜在市场。让企业管理层最感兴趣的三个亮点是：家庭成员如何保持相互联系、购买新鲜食品和父母帮助小孩完成功课。

这些企业管理者惊讶地发现，这支对香港人生活毫无了解的团队在短短六周内就帮助他们找到了全新的潜在市场。当然，这些潜在市场的规模和可行性还有待验证，但如果不是这样的研究，企业管理层可能永远发现不了这些潜在的消费者需求，也可能永远不会考虑到这些市场。更让人惊讶的是，这六个新市场还都是没有竞争者涉足的，而另外三个预见到的市场，竞争者已如过江之鲫。

这个例子很有借鉴意义，仅仅是通过拍照、录像、观察，就发现了如此多的惊喜和机会。正像科特勒所说的那样"揭示用其他研究方法所不能清楚表示的消费者无法言传的需要"，很多时候，直接跟消费者面对面进行调研，虽然看起来很有互动感、真实感，但是消费者未必就会把自己真实的一面完全展露出来，甚至有的消费者都不知道自己真正想要表达的是什么，所以，这样得来的信息准确率就需要打一个折扣了。而人类学研究更多的是在不惊扰到消费者的情况下，真实地记录消费者的行为、言语和反应，然后再去分析、去研究，虽然没有与消费者进行直接、深入的交流，但是，通过这种方式挖掘出来的信息更丰富，也更可靠。

2010年的时候，奥美任命了一位名叫麦克·格里菲斯的博士担任社会人类学总监，麦克博士加入其大中华区发现团队消费者洞察和趋势研究小组，致力于研究中国的社会文化，以求为客户创造更有效果、更能融合本土文化又兼具创意的作品。

"社会人类学总监"，这个职务对于大多数中国企业而言仍然是陌生的，但是，这从一个侧面反映了一些知名企业对社会人类学研究的关注和倚重。中国的企业也应该重视这种研究方法，通过这样一种新型的方式去更深入地了解一个更真实的消费者群体。

理性的行为其实并不是具有最后决定性的力量

我们发现理性的行为其实并不是具有最后决定性的力量。公司必须要在有关的品牌和公司之间增加一种感性的色彩，我们要构建一种感性，不仅能够触及人们的头脑，也能够触及到购买者的心灵。

——2009年科特勒启动天阶计划的演讲

科特勒认为，消费者并不总是以深思熟虑和理性的方式处理信息或做出购买决策。他指出，消费者在作购买决策时，会受很多不同的捷思以及偏误的影响。比方下面几种捷思。

可得性捷思，这是指消费者很可能会想起过去的存在于记忆中的一些先例。譬如，某女士曾在某个专卖店里买过一件衣服，结果穿了没多久，就开线了，那么，她再次想到这家店的时候，就会想起过去不愉快的购买经历，从而影响她现在的选择和决定。

代表性捷思，这是指消费者对某个产品有意向时，会不由自主地想到它的同类产品，会想到这些产品的共性。这就是为什么许多不同品牌的同类产品，在包装、容量等方面或多或少会有些相似之处的原因。

定锚与调整捷思，消费者在了解产品之后，会形成一个初步的印象和评断，这个印象与评断虽然深刻，但并不是不变的，消费者会根据后续的了解来调整第一印象。譬如，某顾客初次见到一位销售员时，可能会觉得这个人缺少经验，不太专业，但随着彼此了解的加深，顾客很可能会发现销售员的闪光点，比方说热情、细心、服务周到等，从而改变印象，加深好感。所以，营销人员应该从第一印象开始经营，让消费者第一眼就看着顺，这样才能在消费者后续的体验中占得一个更有利的角度和位置。

简单地说，顾客作决策的过程，并不是完全理性的，他们脑海里会有无数营销人员想象不到的想法和念头冒出来，或者干扰，或者推进其购买决策。

我们平时购买产品和服务经常会在不理性的情况下发生。例如，有的女孩子因为感情上受挫了，会大买零食，大吃大喝，结果长胖，这是不理性的；很多女性如果跟一群姐妹出去购物，会比自己一个人出去逛街买得更多，这是不理性的；很多人即便经济能力并不是很宽裕，仍会节衣缩食省下钱来去为一个限量品牌包埋单上万元，这是不理性的；因为某个特定事件的发生，人们纷纷抢购食盐、大蒜等，把价格推高好几倍，这也是不理性的……

通过分析这些不理性的过程，我们会得出一个理性的结论——当消费者心里觉得是对的时候，错的也会是对的，不理性的也会是理性的。可以说，在很多情况下，营销往往需要更多的"非理性"。营销人员不仅要能从理性上征服消费者，更要善于从感性上、从情感上打动消费者。

在营销中，有一个情感营销的概念。所谓情感营销，是指通过心理的沟通和情感的交流，赢得消费者的信赖和偏爱，进而扩大市场份额，取得竞争优势的一种营销方式。如果我们把这种最真挚的情感渗入到营销中，从营销模式上进一步沉淀或升华，一定会引发一场情感营销的革命。情感的影响力和心灵的感召力在营销过程中是一股可以颠覆结果的力量。

一个好的情感营销，必须是能引起消费者共鸣的，必须是能打动消费者心灵的。在情感消费时代，消费者购买商品所看重的已不完全是商品数量的多少、质量好坏以及价钱的高低，他们更是为了一种感情上的满足、一种心理上的认同。

这是一个情感经济的时代，情感正在创造财富，情感正在创造品牌，情感正在创造一切。情感营销时代，企业要摒弃饮鸩止渴式的价格战，创造有魅力的产品，营造有情感的品牌，要尽其所能打动消费者，使其对品牌"一见钟情""一往情深"。一个品牌如果能够充满丰富的感染力，与消费者进行情感上的交流，就会使品牌从冰冷的物质世界跨入到有血有肉的情感世界，也会使品牌"楚楚动人""风情万种"。

消费者购买决策追求的是价值最大化

> 顾客是寻求价值最大化的。他们形成一个对价值的期望并付诸实践。购买者将从他们认知的能提供最高顾客让渡价值的公司购买产品，顾客让渡价值是整体顾客利益与整体顾客成本之差。
> ——科特勒《营销管理》

顾客是如何做出选择的呢？科特勒指出，顾客会在有限的搜寻成本与知识、流动性和收入约束下，追求价值最大化。顾客在购买产品时，总希望把有关成本包括价格、时间、精神和体力等降到最低限度，而同时又希望从中获得更多的实际利益，以使自己的需要得到最大限度的满足。因此，顾客在选购产品时，往往会从价值与成本两个角度进行比较分析，从中选择出价值最高、成本最低，即"顾客让渡价值"最大的产品作为优先选购的对象。企业为在竞争中战胜对手，吸引更多的潜在顾客，就必须向顾客提供比竞争对手具有更多"顾客让渡价值"的产品，这样，才能使自己的产品为消费者所注意，进而购买本企业的产品。

人都是理性的，也都是自利的。顾客会估计产品或服务能够传递最大的认知价值并采取一些行动。这个产品或服务是否能够达到顾客的期望，是否能令顾客满意，这直接影响顾客的购买和再次购买的可能。

比如某顾客欲购买一台空调，现在该顾客将目标锁定在甲品牌和乙品牌之间。假设他比较了这两种空调，并根据款式、工艺及主要性能、参数等指标做出判断——乙品牌具有较高的产品价值。他也发觉了在与乙品牌人员沟通时，促销导购介绍产品耐心、知识丰富，并有较强的责任心及敬业精神，结论是：在人员价值方面，乙品牌较好。但在顾客的印象中，甲品牌的知名度、整体形象等方面优于乙品牌，同时甲品牌售后服务、承诺等服务价值也高于乙品牌。最后他权衡了产品、服务、人员、形象等四个方面，得出了甲品牌的总顾客价值高于乙品牌。那么，顾客就一定会购买甲品牌吗？不一定，他还要将两个品牌交易时产生的总顾客成本相比较，总顾客成本不仅指产品价格，正如亚当·斯密曾说过的"任何东西的真实价格就是获得它的辛劳和麻烦"，总成本还应包括购买者的时间、体力和精神费用。购买者将这些费用与产品价格加在一起，就构成了总顾客成本。

这位顾客要考虑的是，相对于甲品牌的总顾客价值，其总顾客成本是否太高，如果太高，他就不会购买甲品牌产品，我们就认为其让渡价值小。反之，相对于乙品牌的总顾客价值，若其总顾客成本较小，则这位顾客就可能会购买乙品牌产品，我们就说其让渡价值大。通常情况下，理性的顾客总会购买让渡价值大的产品，这就是顾客让渡价值理论的意义。

现在顾客除了关注产品的质量和价格外，也越来越注重产品的售后。比方说，相同质量的两个产品，一个服务态度恶劣，且经常断货缺货，甚至还需要客户支付邮费，保修时间也很短；而另一个服务态度友好，能保证准时免费送货上门，并且保质期较长，维修网点分布也比较合理。这时，顾客会选择哪个呢？答案很明显，没有谁愿意花费更多的时间、精力等成本。产品质量固然重要，但非质量因素对顾客同样影响很大。要想赢得顾客青睐，就必须要充分认识并满足顾客的让渡价值。

正常情况下，顾客都是成熟的、理性的，若某种产品的让渡价值大，则该产品对顾客的吸引力就大，购买该产品的可能性就越大。当然，让渡价值越大，顾客的实惠就越多，但公司方面的利润就会减少，所以，根据市场及竞争产品情况，合理定价至关重要，既要保证有吸引顾客的让渡价值，又要兼顾公司的利润。

顾客让渡价值概念的提出为企业经营方向提供了一种全面的分析思路。

首先，企业要让自己的商品能为顾客接受，必须全方位、全过程、纵深地改善生产管理和经营。企业经营绩效的提高不是行为的结果，而是多种行为的函数，以往我们强调营销只是侧重于产品、价格、分销、促销等一些具体的经营性的要素，而让渡价值却认为顾客价值的实现不仅包含了物质的因素，还包含了非物质的因素；不仅需要有经营的改善，而且还必须在管理上、服务上适应市场的变化。

其次，企业在生产经营中创造良好的整体顾客价值只是企业取得竞争优势、成功经营的前提，一个企业不仅要着力创造价值，还必须关注消费者在购买商品和服务中所倾注的全部成本。由于顾客在购买商品和服务时，总希望把有关成本，包括货币、时间、体力和精神降到最低限度，而同时又希望从中获得更多实际利益。

　　因此，企业还必须通过降低生产与销售成本，减少顾客购买商品的时间、体力与精神耗费，从而降低货币、非货币成本。显然，充分认识顾客让渡价值的含义，对于指导企业如何在市场经营中全面设计与评价自己产品的价值、使顾客获得最大限度的满意，进而提高企业竞争力具有重要意义。

第三节　打造深度的用户体验营销

顾客期待从购买中获得理性、感官、社会和自我的满足

> 消费者总是期待从一个产品中得到以下四种回报之一：理性满足、感官满足、社会满足和自我满足。购买者可能通过三种体验形象化这些回报：使用后的结果体验，使用中的产品体验，附带使用体验。
> ——科特勒《科特勒市场营销教程》

　　科特勒认为，消费者期待从购买中获得的是理性的满足、感官的满足、社会的满足和自我的满足。比方说，"头屑去无踪"就属于使用之后理性的满足；而"滴滴香浓，意犹未尽"带来的则是使用过程中的感官满足；"喝杯清酒，交个朋友"体现的是一种社会的满足;"我的地盘我做主"体现的是一种自我的满足。

科特勒所总结的理性、感官、社会和自我这四大类满足,追根究底的话,跟马斯洛所提出的需求层次理论是非常契合的。理性满足对应的是生理与安全上的需求,感官满足对应的是情感与归属的需求,社会满足对应的是尊重的需求,自我满足对应的是自我实现的需求。

顾客是不会轻易满足的,他们的需求总是不断发生着变化,当基本需求得到充分满足后他们会去寻求更高一层的需要。而企业也需随着顾客不断提升的需求去完善并改进自己的产品和服务,以使顾客得到更大的满足。在这个顾客至上的商业环境中,谁能更好地满足顾客,谁就会在竞争中更胜一筹。

网上曾流传过一句很有意思的话——"人类已经无法阻止海底捞"。海底捞是一家绝不普通的火锅店。它的一家店面日翻台达7次,一家旗舰店年营业额达5000万,一家店面6个月就可以完成从开店到回本的盈利周期。这样的成绩足以让其成为行业翘楚。它的案例曾经被《哈佛商业评论》收录,它的经验甚至吸引了餐饮老大百胜集团的区域经理们前来观摩学习。那么,海底捞为什么能取得这样出色的成绩呢?

本来,餐饮业满足的只是马斯洛需求层次最底层的生理需求,这个行业吸引顾客的传统方式就是食物的口味。然而,随着人们生活水平的提高,消费者对餐饮业的需求已经不仅仅满足于"吃饱喝足",更希望能获得感官、社会以及自我的全面满足。

海底捞的高明之处就是在于看到了这之中的巨大市场空间。搞定了客户的心,就等于占有了市场份额。可如果想让顾客获得超乎寻常的满足,单靠标准化的服务方式显然无法做到。在海底捞，从一个洋溢热情的微笑、一句贴心的话语，到一块干净的毛巾、桌面上的一个小摆设，这些都让顾客感觉幸福和温馨。

几乎在每家海底捞都能看到一样的情形，等位区里等待人数几乎与就餐的人数持平。如果是在普通的饭店，等候就餐会是一件痛苦的事，而海底捞却将这变成了一种愉悦——顾客在等候的过程中，可以享用免费的水果、饮料、零食，可以打打扑克牌、玩玩跳棋等游戏，还可以在上网区上上网、听听音乐，或者也可以享受免费的美甲、擦皮鞋服务。这些服务虽然是免费的，可是海底捞从来不曾马虎。有顾客曾说，有一次美甲的时候，有个女孩不停更换指甲颜色，反复折腾了有5次，连旁边的其他顾客都看不下去了，可那位帮她美甲的阿姨却仍然耐心十足。

在客人就餐的过程中，服务员会更加细心。他们会为披着长发的客人递上皮筋和发夹，以免头发垂落到食物里；他们会为戴眼镜的客人送上擦镜布，以免火锅的热气模糊了镜片；如果你把手机放到了桌面上，他们会拿来小塑料套，帮你装好，防止油沾到手机上；每隔一刻钟左右，就会有服务员主动更换你面前的热毛巾；如果你带了孩子，服务员还会主动帮着喂孩子吃饭，陪他们在儿童天地做游戏；为了消除口味，海底捞在卫生间中准备了牙膏、牙刷，甚至护肤品；过生日的客人，还会意外得到一些小礼物；如果你点的菜太多，服务员会善意地提醒你适当减菜；随行的人数较少，他们还会建议你点半份；天凉的时候，客人打一个喷嚏，服务员马上就会从厨房端来一碗热热的姜汤；客人随口问一句有冰激凌吗，服务员就会抽空儿跑到附近商店去买来冰激凌；如果客人特别喜欢某个小菜，服务员还会细心地打包一份，在结账的时候交到客人手中；餐后，服务员会马上送上口香糖；

店里的服务员都会向你微笑道别……

海底捞的这些服务被顾客们称为"花便宜的钱买到星级的服务"。在这里,顾客享用的不仅仅是饱腹的食物,还有感官的满足、社会的满足,以及获得关怀、重视、礼遇的自我的满足。这样的一种感受是顾客所渴望的,也是最能让顾客牢牢记住的,它带给顾客的是全面的"四合一"式的满足,这远远超越了美食所带来的满足感。

随着消费者自我意识的觉醒,企业很难仅仅凭借基础性的产品和服务取悦消费者。企业面对的会是一个越来越精明、越来越难被打动的顾客群体。顾客获得了理性满足、感官满足,还会进一步期待社会满足、自我满足。要赢得顾客的心,企业需要提升产品、提升服务,以最严苛的方式要求自己,这样才能让顾客更加满意、更加满足。

向顾客传达一种愉悦的体验比推销产品更重要

> 什么是体验营销?营销人员应当更多地关注产品或服务的设计,要向客户传达一种愉悦的体验,而不仅仅是销售一种产品或者服务。营销商应当通过从客户的体验出发来考虑对其产品或服务的营销和在营销中增强客户的良性体验。
>
> ——科特勒《科特勒说》

在提及体验营销的时候,科特勒特别提到了星巴克咖啡,他认为,星巴克提供了一种独特的咖啡体验。顾客在这里可以享受到优雅的环境,可以欣赏到咖啡的制作过程,可以躲避外面的熙熙攘攘。

体验有这样一个定义——体验是企业和顾客交流感官刺激、信息和情感的要点集合。这种交流发生在零售、批发环节中，发生在产品和服务的消费过程中，发生在售后服务的跟进中，也发生在与用户的交流活动中。可以说，体验存在于企业与顾客接触的所有时刻。体验营销就是要打破过去那种企业与顾客之间的鸿沟与障碍，打破企业说、顾客听的"独角戏"状态，让顾客充分参与到企业的活动中来，通过这样的融合，让顾客感觉到，整个企业都是在为他特别服务。

在西雅图有个派克街鱼市场，这个市场并不在黄金地段，规模也不大，仅由不到20名员工组成，但市场的日均收入却高达5万美元，人均近三千美元！西雅图人口才58万人，可是每年到派克鱼市观光游览的人却多达1000万人。这个市场被称为"世界上最快乐的鱼市"。派克鱼市成名的原因不仅因为海鲜丰富，还因为鱼贩们身手矫健的"飞鱼"技巧和现场欢愉的气氛，更因为鱼贩工作态度中所蕴含的哲理。

只要你一进入派克市场，就可以看到身穿工作服和黑色橡胶长靴的年轻人，他们唱着歌，大声吆喝着"三条鳕鱼飞往华盛顿""五只螃蟹奔向堪萨斯"，然后把不同的海鲜"飞"到顾客们的篮子里或者手中。各式海鲜像球一样在空中飞来飞去，鱼贩们的动作就像杂耍演员一样流畅而熟练。每个鱼贩都笑容高挂、歌声不断、合作无间，就如同正在游戏一般的快乐。

面对顾客的询问，他们耐心十足、经验老到、充满热情与诚意。要是有顾客带着小孩光顾，鱼贩们甚至会掰着鱼的嘴，让鱼嘴一张一合，然后自己装出小丑一样的表情和声音，逗得孩子们直发笑。在这里，看不到脸色沉重的人，无论是鱼贩，还是顾客，个个都面带笑容。顾客们只要到了派克鱼市，就鲜少空手离开的。

这个如今人声鼎沸、客流如梭的著名鱼市，在很多年前，却并不是这番光景。派克鱼市原本是一个死气沉沉、充满敌意的市场，每天，这里都充斥着吼叫声、叫骂声，有的员工偷窃、酗酒闹事、吸毒，还搞派系争斗。这样下来，生意自然不会好。到后来，大家都受不了了，于是决定做一些改变，卖鱼的时候唱唱歌、"飞飞鱼"、与顾客们逗笑一番，这样改变之后，大家发现不仅自己心情好多了，顾客们也跟着开心起来了，市场的生意简直可以用火爆来形容。

后来，斯蒂芬·伦丁得知这一故事，于是深入考察了这个市场，并且写出了一本畅销全球的书，书名就叫《鱼》，从此，派克鱼市成了西雅图的一大景，在全世界都享有极高的知名度。

派克鱼市吸引人的地方不是它的各式海产，而是它的气氛，是它带给顾客的那种轻松和欢乐。传达一种愉悦的体验比向顾客推销产品更重要，为产品融入文化、品位以及情感内涵，然后再传递给消费者，这就是派克鱼市的秘诀，也是体验营销的秘诀。

值得一提的是，完美的顾客体验绝不仅仅是营销部门或客服部门的事，要让顾客获得难忘的体验，企业必须找出哪些是影响顾客体验的因素，然后把这些因素分解，分解到每一个岗位、每一个职能，这样才能知道哪一环、哪些因素影响到了顾客体验。

例如，当顾客反映他买的东西没有按时到货时，企业就一定要分清楚，送货不及时是由什么因素引起的，是订单处理不及时，还是付款环节不及时，还是仓库里分拣不及时，还是物流运输不及时？总之要细化到每一个环节，一定要把一个大的问题分解到所有的环节里面去，最后才能找到给顾客造成不良体验的因素在哪里。

体验营销满足的是消费者的思想、成就感和自我表达

> 消费者将会受到以下三种动机的鼓舞：思想、成就感和自我表达。那些以思想为主要动机的人将会以知识和原理为指导。而以成就为动机的人会用产品和服务来向同伴显示自己的成功。而以自我表达为动机的人将会热衷于社交活动，追求多样化，敢于冒险。
> ——科特勒《营销管理》

科特勒认为，最能鼓舞消费者的是思想、成就感和自我表达这三种动机，而体验营销从本质上说，要为消费者创造的也正是这三方面的满足感——思想、成就感与自我表达。一个能和消费者进行沟通对话、能与消费者有双向交流的品牌，其影响力要远远大于只向消费者进行单方面宣传的品牌，因为，前者不仅凝聚了企业自身的努力，更融入了消费者的个人元素在其中，这样的品牌不单纯只属于企业，而是为企业与消费者所共有、所共享。

让消费者充分参与体验营销，充分参与到品牌活动中来，在这个过程中，消费者的思想、成就感和自我表达都会得到极大满足。消费者与品牌、企业之间的距离也会无限拉近。对一个品牌而言，最重要、最有分量的代言人莫过于消费者。

Method 是旧金山的一家环保洗衣用品公司。当他们进军洗衣粉市场的时候，面临着巨大的挑战，他们烦恼的是，要怎样做才能改变消费者的购买习惯，才能使汰渍洗衣粉的忠实用户相信，

Method这个仅仅500多克的洗衣液能够洗干净整整50桶的衣服。而且，他们的推广预算只有少得可怜的20万美元。Method的联合创始人兼品牌设计师雷恩最后提出了一个想法——要用最少的钱达到最佳的宣传效果，最好的办法就是寻求客户的帮助。Method最后雇用了媒体代理公司Mekanism拍摄了一个众包广告。他们绘制了一个情节串联图板，邀请人们来自行拍摄这个图板上的具体动作，然后再将他们拍摄的素材提交给Method进行最终剪辑。这次活动共有332名消费者参与其中。当这条众人你一笔我一笔创造出来的广告最终成形之时，它成了YouTube上观看次数排名第93位的视频，这段视频也使得Method的Facebook粉丝数量增长了68%。一位营销界人士一针见血地指出："这条众包广告的美妙之处就在于，从这条广告完成之日起，它本身就构建起了一个分销网络。"

一般而言，企业推出的广告通常都是委托专业的机构制作，然后推向消费者群体，而Method从一开始就打破了这种固有传统，它将广告交付到消费者手中，让他们来主导广告的创意、内容与呈现方式。这样做的益处是多方面的。

第一，让消费者来制作企业的广告，这种形式本来就是一种开创式的革新，当消费者充分参与其中的时候，无论是那332名贡献了素材的人，还是"围观"的其他人，都会获得一种极大满足，这正是思想、成就感与自我表达的满足。

第二，消费者在参与制作或"围观"这段广告的过程中，势必要深入地去了解Method及其产品特点、特色，而这样的主动了解，比起企业"推"式的宣传，效果要好很多倍，他们在无形之中很可能就已经接受了这个产品，甚至喜欢上了这个产品，成了一个特殊的目标客户群体。这就是那位营销专家所说的"从这条广告完成之日起,它本身就构建起了一个分销网络"的含义所在。

消费者已经不再满足于充当"看客"的角色,他们希望能够有更高的参与度。谁能给他们带来最深刻、最精彩的顾客体验,他们就最有可能倾向谁、选择谁。

像星巴克,它从来不满足于仅仅向顾客提供一杯咖啡。星巴克咖啡就要求每一位服务生都掌握咖啡知识以及制作饮料的方法,并成为这方面的专家,他们可以详细地为顾客解说每一种咖啡产品的产地、特性、冲泡方法,而且很善于与顾客进行沟通。在某些城市的星巴克,还会有一项叫作"咖啡教室"的服务:如果三四个顾客一起来喝咖啡,星巴克就会根据顾客的要求,为他们专门配备一名咖啡师傅。顾客对咖啡豆的选择、冲泡、烘焙等方面有任何问题,咖啡师傅都会耐心细致、毫无保留地向他讲解,使顾客能在品尝咖啡的同时,也学到了星巴克的咖啡文化,如果顾客非常想要自己尝试冲泡咖啡,咖啡师傅也会从旁指导。这样的一家星巴克店,已经不纯粹是饮咖啡的场所了,而是顾客深入体验咖啡文化的一座殿堂。

很多顾客都有着与生俱来的强烈求知欲与好奇心,帮助顾客实现学习有关产品的相关知识、弄清产品原理或制作方法的愿望,这既是在为顾客制造乐趣,营造体验,满足其思想、成就感与自我表达的欲望,更是企业营销自己的最佳方式。

第四章
品牌：企业最持久的无形资产

第一节　品牌的价值比一切都贵重

品牌在企业发展中处于核心战略地位

> 品牌是企业最持久的资产，比企业具体产品或生产设施的生命都要长。品牌是企业强有力的资产，它在企业发展中处于核心战略地位，需要妥善地经营和管理。
>
> ——科特勒《市场营销原理》

科特勒认为，品牌是企业最持久也是最强有力的资产，在企业发展中处于核心战略地位。科特勒曾援引桂格前CEO约翰·斯图尔特的一句话："如果一定要分开这个企业，我愿意放弃土地和厂房，只保留品牌和商标，我依然会做得比你好。"麦当劳的一位前任CEO也曾说："如果我们拥有的每一项资产、每一座建筑以及每一套设备都在一次可怕的自然灾害中被摧毁，只要还有品牌，我们就可以再融资，使这一切重新恢复。品牌的价值比这一切都贵重。"从这些可以看出，品牌对一个企业而言，它的价值胜过一切。

"品牌"这个词源于古挪威文字，其本意是"烙印"，它非常形象地表达出了品牌的含义——如何在消费者心中刻下烙印？品牌是一个在消费者生活中，通过认知、体验、信任、感受建立关系，并占得一席之地的、消费者感受的总和。

市场竞争可以分为四个高低不等的层次，分别是价格竞争、质量竞争、创新竞争，最后是品牌竞争。品牌竞争是最高层次的竞争。在科特勒看来，营销的最高境界是品牌经营。他非常推崇"耐克"，他认为耐克最成功之处是让激动与成就感附着于产品之上，拥有"耐克"的顾客会有成就感，这就是品牌的力量。消费者在选择商品时，品牌是一个关键的考虑因素，品牌浓缩了一切、集中了一切。企业要真正在市场中树立自己的地位和形象，进行品牌营销是最重要的一步。品牌能给企业带来实实在在的价值和利益，它的魔力体现在：

（1）聚合效应。

拥有知名品牌的企业或产品更容易获得社会的认可，社会的资本、人才、管理经验甚至政策都会倾向名牌企业或产品，使企业能够聚合人、财、物等资源，形成并很好地发挥名牌的聚合效应。

（2）磁场效应。

企业树立起品牌，拥有了较高的知名度，特别是较高的美誉度后，会在消费者心目中树立起极高的威望，消费者更容易在这种吸引力下形成品牌忠诚，反复购买，帮助其宣传，而其他产品的使用者也会在品牌产品的吸引下开始使用此产品，并可能同样发展成为此品牌的忠实消费者，这样品牌实力进一步巩固，形成了一种高效益的良性循环。

（3）衍生效应。

品牌积累、聚合了足够的资源，就会不断衍生出新的产品和服务，品牌的衍生效应能使企业快速地发展，并不断开拓市场，占有市场,形成新的品牌。比方说,海尔集团就是首先在冰箱领域创出佳绩,成为知名企业、知名品牌后,再逐步将其聚合的资本、技术、管理经验等延伸到空调、洗衣机、彩电等业务领域。

(4)内敛效应。

品牌会增强企业的凝聚力,它有助于在企业内形成一种企业文化和工作氛围。品牌的内敛效应可以聚合员工的才干、智慧与精力,使企业有一种积极向上的面貌。

(5)宣传效应。

品牌树立起来后,企业可以利用品牌的知名度、美誉度传播企业名声,宣传地区形象,甚至宣传国家形象。比如,可口可乐就一度被赞为"装在瓶子里的美国精神",它所传输、所代表的正是活力、激情、创造、享受等美国精神。

(6)带动效应。

品牌的带动效应是指品牌产品对企业发展的拉动,品牌企业对城市经济、地区经济甚至国家经济都具有强大的带动作用。品牌的带动效应也可称为龙头效应,名牌产品或企业像龙头一样带动着企业的发展、地区经济的增长。另外,品牌对产品销售、企业经营、企业扩张都有一种带动效应,这也是国际上所谓的"品牌带动论"。

(7)稳定效应。

当一个地区的经济出现波动时,品牌的稳定发展一方面可以拉动地区经济;另一方面起到了稳定军心的作用,使人、财、物等社会资源不至于流走。

一个品牌一旦打败另一个品牌,被打败的那个品牌很可能就会渐渐没落直至不复存在了。在很多行业,外资企业进入中国市场后，采取的一个重要的竞争手段就是品牌竞争，先吞并国内企业的品牌，然后再占领其市场，继而让吞并过来的品牌销声匿迹。举例来说，当年，国外曾有著名厂家与海尔谈合资，开出了天价，提出的条件是美方控股，打美方的品牌，张瑞敏的回答是："其他条件可以随意，但必须是海尔控股，打海尔的品牌。"从这个例子也可以看出，品牌于企业而言，是居于核心战略地位的，企业要用心地创造、经营、保护并提升自己的品牌。

品牌是把 4P 结合到一起的黏合剂

> 塑造品牌非常重要，当你最终发展出品牌概念，它就变成把 4P 结合到一起的黏合剂。品牌陈述成为设定 4P 的基础。一个品牌是你必须要履行的一个承诺。
>
> ——科特勒《世界经理人》采访

科特勒认为，品牌是把 4P（Product 产品、Price 价格、Promotion 促销、Place 渠道）结合到一起的黏合剂，一个品牌的崛起离不开最基本的 4P。对企业来说，只有强大的营销力才能托起强大的品牌，而提升营销力的过程其实就是打造 4P 的过程，企业有什么样的 4P，就拥有什么样的营销力。

然而，随着传播的发展，品牌与 4P 有渐渐脱节的现象。现在，仅仅从品牌知名度已经不足以客观、真实地评价企业能力，但如果将视角转向 4P，则评价更能贴近真实情况。可以这样说，所有企业的崛起都能从 4P 中找到理由，所有品牌的衰败也都能从 4P 中找到缘由。

早年的孔府宴酒、秦池酒、爱多等重金砸出来的"标王",就是典型的品牌与4P脱节的例子,虽然通过巨额的广告投入将品牌树起来了,但是4P并没有同步跟上,结果便是快速地打出名气,又快速地没落了。不仅国内企业如此,很多呼风唤雨的国际知名品牌,由于其4P出现这样或者那样的问题,也遭遇了折戟沉沙的命运,这样的例子并不少见。比方说,诺基亚在智能手机上落后了一步,结果却令这个昔日手机业的第一品牌走到险象环生的境地。

现在,人们看到的更多的是品牌对于4P的影响,却容易忽略4P对一个优秀品牌的支撑甚至是决定作用。

产品是品牌最直接的支撑。没有竞争力强大的产品,就难有永续的品牌。曾经有很多企业通过大打广告,打响了名声,但是产品却缺乏质量保证或者缺乏持续的创新,最终仍然难以在市场立足,更不用说保住自己的品牌。产品不是因为有了品牌才优秀,恰恰相反,是因为产品优秀了才有了品牌。

从表面上看,似乎是品牌决定了价格,有品牌的产品要比无品牌的同类产品价格高,优秀品牌的产品要比普通品牌的产品价格高,但这只是一种表象。实际上,同样知名的两个品牌,有时候价格会相差很大,其原因并非在品牌本身,而是与企业塑造价格的能力密切相关的。品牌只能将企业分级归类,但在相应的层次里,关键仍在企业现实的作为,比如产品品质与创新能力、市场营销能力等等。

渠道是生产商与终端用户之间的桥梁。做市场,说白了,就是利用产品做渠道。在4P之中,产品、价格、渠道这三者是最稳固的组合,而促销则正是为了确立和强化它们的组合。

在大多数人看来,企业做营销最终得到的是品牌,但换一个角度，也可以这么说，企业最终得到的是渠道。渠道出现问题，要比产品出现问题严峻得多、要命得多。

特别是有形产品，渠道正发挥越来越大的作用。渠道因为贴近顾客，所以有了更多的话语权。可以说，渠道是品牌的根基。

很多人将4P视为一种战术，其中一个最主要的原因就是"促销"。人们对"促销"的理解太狭义化，将其等同为"销售促进"，促销本来应该是指对产品、价格和渠道的推广，却被狭义地视为是对顾客的"销售促进"。促销本来应该是4P组合中最有创意、最具灵气的部分，但在现实中，它却成了最功利、最随意的部分。如果我们说产品、价格和渠道是品牌建设的硬件的话，那么，促销就是品牌建设的软件。如果营销者不能从狭义的"促销"观念中走出来，正确认识"促销"的话，那么，很难打出一场漂亮的品牌建设战。

总体来说，还是回到了科特勒所提及的观点："品牌是把4P结合到一起的黏合剂。"4P不是单纯的战术，而是品牌的实际支撑与根基。

对消费者而言，品牌意味着价值和信任

> 对消费者而言，品牌意味着价值和信任。品牌不仅仅是一个名称或者一个象征，它是企业与顾客关系中一个关键的要素。品牌表达了消费者对某种产品及其性能的认知与感受——该产品或服务在消费者心中的意义。所以，有营销者说："在工厂里创造产品，在头脑中创造品牌。"
>
> ——科特勒《市场营销原理》

"品牌意味着价值和信任",科特勒这句话揭示了品牌之于消费者的意义。为什么消费者在购买时只要经济能力许可,大都会偏向于品牌美誉度高的产品?为什么当一个备受消费者喜爱的品牌出现质量问题或负面新闻的时候,消费者会气愤不平,有被欺骗和被背叛的感觉?这些都可以从科特勒的这句话中摸索到答案。

"在工厂里创造产品,在头脑中创造品牌。"的确,品牌存在于消费者的头脑和心智之中,对消费者来说,品牌不仅是一个名称、一个标志、一个象征,它更是产品与服务在消费者心中所留下的投影与烙印。

品牌之所以在消费者的心目中占有着重要的地位,科特勒有他自己的看法,他认为品牌暗含着产品与顾客之间的关系,暗示着顾客所期望的一种特质与服务。品牌最大的好处在于使消费者在成千上万种产品中购买自己的产品。而品牌的成功又取决于营销人员如何将它根植于消费者的头脑中。

在我们身边,品牌很多,但"真品牌"却不多。真品牌具有强大的生命力和很高的市场溢价。真品牌的根本就是顾客的信任。这种信任是企业和顾客之间的一种关系,既可以是有关产品质量的,也可以是有关产品性价比的,还可以是有关产品品位的。所以,真品牌不一定只出自于知名的大企业,也不一定只出自于奢侈品。奔驰、宝马是真品牌,麦当劳、沃尔玛也是真品牌,它们都赢得了顾客非同一般的信任和信赖。

在企业界,常听到这样的说法,中国缺少过硬的大品牌、真品牌,其实,这只是表象,真正缺乏的是顾客信任。要建立起强大的真品牌,企业非要在信任上下功夫不可。很多企业喜欢通过参与各种认证、评比,并拿认证的结果、评比的奖项来为自己的品牌加码，但事实上，真品牌只能在市场竞争的磨砺中诞生。正因为真品牌的基础与核心是信任，所以，企业急功近利是做不来的，真品牌需要时间的考验。

品牌最持久的含义是其价值、文化和信任，这是品牌的实质。建立品牌其实就是建立信任。从拥有知名度、创建美誉度到形成品牌信任是很漫长的路，这个时间可能需要几十年甚至上百年。所以，任何急功近利以为打造知名度就是打造品牌的行为，都是短视和幼稚的。很多知名度很高的企业和牌子，因为丧失了渠道的信任和消费者的信任，就再难站起来了。一个品牌在市场中获胜，并不仅仅是因为它传递了特殊的利益或者可靠的服务，而是因为它与顾客建立了深厚的联系。

第二节　什么造就了一个伟大的品牌

最强的品牌定位能够触动消费者的情感深处

营销人员需要在目标顾客心目中为其品牌进行清晰的定位。最强的品牌定位层次超越了强调产品属性或者产品利益，通过强有力的信仰和价值观进行品牌定位。这些品牌强调一种情感冲击。营销者应把品牌同时定位到消费者的思想和精神中去，这样才能打动他们的内心。

——科特勒《市场营销原理》

科特勒认为，营销人员可以从三个层次上对其品牌进行定位：

首先，最低层次，是通过产品属性来进行品牌定位。比如，宝洁公司推出的"帮宝适"一次性婴儿纸尿裤，早期的营销重点就集中在吸水性、舒适性和一次性上。一般来说，产品属性是品牌定位最不可取的层次，因为竞争者可以很轻易地加以模仿，更重要的是，消费者从根本上而言，对企业产品的属性本身并不感兴趣，他们更关心的是这些产品属性能为自己带来什么样的利益。

其次，在产品属性之上，企业可以将品牌名称与某种顾客渴求的利益联系起来，进行更好的定位。同样以帮宝适为例，帮宝适超越了产品的技术属性，而将重心放在皮肤健康上。"因为我们，全世界婴儿潮湿的屁股更少了"，这样一句话，显然比单纯的产品属性更能打动消费者。通过强调利益而成功打造出品牌的企业很多，如以安全著称的沃尔沃、以绿色无害著称的美体小铺、以"使命必达"为宗旨的联邦快递，等等。

最后，比利益更高一个层次的是围绕产品给消费者创造的情感体验来定位品牌。还是拿帮宝适的例子来说，这款产品对于父母们而言，并不仅仅意味着防漏和保持干爽，更意味着全面的婴儿护理。宝洁的首席市场官吉姆·斯登戈尔曾说："回想过去，我们经常在基本利益上思考我们的品牌。现在我们开始近距离地倾听消费者的声音，我们想要成为一种品牌体验，我们想要伴随着孩子的成长和发展来支持父母和孩子。当我们把帮宝适从保持干爽转变为帮助妈妈关注孩子的发展后，我们的婴幼儿护理业务才开始快速增长。"

最强的品牌定位就是要超越产品属性或产品利益，直抵消费者的情感深处，将品牌定位到消费者的思想和精神中去，打动他们的内心。像星巴克、维多利亚的秘密、苹果等公司，就是这方面的代表，它们围绕着产品为消费者创造出来的那种惊喜、激情、兴奋来定位。我们来看一个中国台湾大众银行的案例。

大众银行曾经推出过一系列"不平凡的平凡大众"的广告，轰动一时。其中热度最高的两段广告分别是《母亲的勇气》和《梦骑士》。

《母亲的勇气》以一个淳朴的阿嬷蔡莺妹的真实经历为蓝本，这位阿嬷，不会外语，普通话也说得不好，她千里迢迢从中国台湾飞到委内瑞拉，就是想看看女儿嫁得如何，看看自己的外孙，再照顾刚生二胎的女儿坐月子。这则广告的旁白是这样的：

从台南出发，要如何才能到达哥斯达黎加呢？首先得从台南飞至桃园机场，接着搭乘足足十二小时的班机，从台北飞往美国；接着，从美国飞五个多小时到达中美洲的转运中心——萨尔瓦多，然后才能从萨尔瓦多乘机飞至目的地——哥斯达黎加。她曾在拥挤的异国人群中狂奔摔倒，曾在午夜机场冰冷的坐椅上蜷缩，也曾在恍惚的人流中举着救命的纸条卑躬屈膝……这一切的一切，不过只是想亲眼看看自己的女儿。这是一位真实而又平凡的中国母亲。她名叫蔡莺妹，67岁，生平第一次出远门，不会说英文，不会说西班牙语，为了自己的女儿，独自一人飞行整整三天，从台南到哥斯达黎加，无惧这三万六千公里的艰难险阻。她让我们看到了一位母亲因爱而萌发的勇气。这种匿藏在母性情怀中的勇气，从始至终都不会因距离和时间而改变心中的方向。

奥美将这个故事制成了大众银行的广告宣传片，大众银行希望借由这个故事传达中国台湾人民坚韧、勇敢、真实且善良的一面，做"最懂中国台湾人的银行"。这则广告特地选在2010年农历年合家团圆的时候播出，让更多的人记住了这位阿嬷，也记住了大众银行。

《梦骑士》这段广告也是由真实故事改编，广告一开始便是一句意味深长的"人为什么活着"，接着是昏暗的隧道，仿若彷徨的人生旅程，接下来镜头中陆续出现几位老人，要么痛失老妻，要么病痛缠身，都是凄惶无比。随后基调一转，随着猛然的一声："去骑摩托车吧！"背景音乐变为激昂的"On Your Mark"，几位老人骑着摩托车驶出隧道，带着对友人与爱人的思念，梦骑士开始新的征程。"5个中国台湾人，平均年龄81岁，1个重听，1个得了癌症，3个有心脏病，每一个都有退化性关节炎，6个月准备，环岛13天，1139公里，从北到南，从黑夜到白天，只为了一个简单的理由。"朴实而厚重的广告词深深触动人心。

这两则广告中的故事都发生在和我们一样普通但又不平凡的人身上，这恰好契合了大众银行所要传达的"大众"理念，很符合大众银行的品牌定位。品牌宣传广告的内容不一定非要跟公司的产品和服务相关，而只是要给目标受众留下一个深刻的印象，传达某种关怀、价值、信念层次的正面讯息。就像大众银行的品牌广告，并没有告知该银行的任何产品服务的信息，可是，它却以生动感人的故事，引起了所有"大众"深层次的情感共鸣。当有一天，某个顾客需要银行服务，而他只要想起这两段广告，想起大众银行，那么，这两段品牌广告就成功了。

品牌共鸣：顾客的思想决定了品牌的强势程度

共鸣是顾客与品牌之间心理纽带的强度或深度，同时也反映了这种忠诚造成的行为水平。品牌共鸣模型认为品牌建设是由一系列上升的步骤组成的，要创建有效的品牌资产就必须达到品牌金字塔的顶端或塔尖，只有把恰当的品牌创建模块放在金字塔模型的合适位置才能实现。

——科特勒《营销管理》

科特勒提出过一个品牌共鸣模型，他认为，品牌共鸣自下往上有这样几个层次，最初级的层次是企业的品牌能为消费者所识别，当消费者产生某种需求时能够想到这个品牌；在此基础上更进一步的层次是，将大量有形无形的品牌联想植入消费者心中，在这块心智阵地上稳固地建立起品牌的独特意义；再往上一层，则是引出消费者对品牌的正面反应，并将这种反应转化成消费者与品牌之间紧密而活跃的忠诚关系。一个品牌的强势程度取决于消费者对该品牌的理解和认识程度，也就是说，消费者的思想决定了品牌的强势程度。

共鸣这个词的原始含义是指物体因共振而发声的现象，即两个振动频率相同的物体，其中一个振动了，另一个在激发下也会振动发声。引申一下，是指由别人的某种情绪引起的相同的情绪。品牌共鸣则是指由品牌所有者与品牌消费者或者品牌消费者彼此之间，以品牌为媒介所产生的不同心灵之间共同的反应。其实质体现的是消费者与品牌之间紧密的心理联系。通过与品牌之间进行的情感互动，消费者可以感觉到该品牌能够反映或者契合自己的情感，并且可以就这个品牌与他人进行交流共享。品牌共鸣能增强消费者对品牌的认同与依赖，使企业收获较高的品牌忠诚度。

戴比尔斯在营销其钻石时，并不着力于宣扬其钻石如何珍贵稀有，而是赋予它爱情的魅力——钻石恒久远，一颗永留传。人们购买的就不仅仅是钻石本身,而是对爱情的坚贞与执着。新加坡一家名为"面包新语"的连锁面包店所生产的面包与其他企业大同小异,但其独特之处就在于给每种面包都取了非常好听的名字,编出了非常动人的故事。这样一来,消费者买面包,不仅满足了一般的营养需求,更走进了一种特定氛围中,很容易产生情感共鸣。

还有知名的耐克公司,它在男性市场上牢牢站稳脚跟后,转而集中火力进攻女性市场。为了赢得女性用户的偏爱,它在深入了解女性内心世界的基础之上推出了非常独特的广告。广告作品采用对比强烈的黑白画面,背景之上凸现的是一个个交织在一起的"不"字,广告词更是意味深长,充满一种令人感动的希望:在你一生中,有人总认为你不能干这不能干那;在你的一生中,有人总说你不够优秀,不够强健,不够天赋;他们还说你身高不行,体重不行,体质不行,不会有所作为。

耐克的广告完全不像一个体育用品商的销售诉求,而更像一则呼之欲出的女性内心告白。这则广告获得巨大成功,广告推出后,许多女性用户致电耐克说:"耐克广告改变了我的一生……","我从今以后只买耐克,因为你们理解我"。这些结果也反映在销售业绩上,耐克女性市场的销售增长率超过了其在男性市场的表现。

这几个例子的共同之处就在于,品牌引发了消费者的强烈共鸣,已经超出了商品的意义,而成了消费者的情感寄托。就像品牌策略专家史考特·泰格所言:"能虏获你的心的品牌就能够促成行动,能够虏获你的感情的品牌就能够获得青睐。"情感对心理的刺激比普通思考对心理的刺激要快 3000 倍,在大多数购买行为中,在理智采取行动之前,情感已经在开始运转了。一个品牌如果能令消费者产生共鸣,那么,就等于抓住了消费者情感的阀门。

18世纪法国启蒙思想家狄德罗曾说:"没有感情这个品质,任何笔调都不可能打动人心。"品牌同样也是如此,"攻心为上",品牌需要通过感情传递、感情交流、感情培养,让消费者产生心灵上的共鸣,这样企业的产品才更容易为顾客所理解、所喜爱、所接受。品牌就是心灵的烙印,烙印是美丽还是丑陋,是深还是浅,决定着品牌力量的强弱、品牌资产的多寡和品牌价值的高低。

高度一致的"品牌+定位+差异化"才能实现成功营销

> 在信息爆炸和社区网络化的时代,消费者的权力变得越来越大,企业必须采取高度一致的"品牌+定位+差异化"手段才能实现营销目的。
> ——科特勒《营销革命3.0》

科特勒认为,在营销3.0时代,营销应该被定义为品牌、定位和差异化这三者所构成的等边三角形。在消费者水平化时代,品牌只强调定位是远远不够的。消费者或许能牢牢记住某个品牌,但这并不表明这是一个良好的品牌。这个时候的定位纯粹是一种主张,其作用在于提醒消费者避开虚假品牌。没有差异化,营销的等边三角形就是不完整的。从根本上来说,差异化只有和定位一起发挥作用,才能创建出良好的品牌形象。

要实现高度一致的"品牌+定位+差异化",企业需要做到品牌标志、品牌道德和品牌形象三者的完整融合。品牌标志能让品牌区别于其他品牌,在市场信息繁杂的今天,要让消费者一眼就注意到某个品牌、记住某个品牌，品牌标志必须鲜明深刻，品牌定位必须新颖独特，同时，它们还必须和消费者的理性需求和期望相一致。而品牌道德是指营销者必须能够达成在品牌定位与差异化过程中所提出的主张。企业能否实现承诺，能否让消费者信任自己的品牌，这都将由品牌道德来决定。品牌形象是指品牌与消费者之间所形成的强烈的情感共鸣。

营销的巅峰在于品牌标志、品牌道德和品牌形象三大概念的完整融合。也就是说，营销所要完成的就是要清晰地定义企业独特的品牌标志，然后用可靠的品牌道德强化它，最终建立起强大的品牌形象。

企业品牌战略的核心在于品牌规划，这关系到一个品牌未来的前途命运。而品牌规划的首要一步就是对品牌进行科学、合理的定位，也就是告诉消费者"我是什么"。解决了"我是什么"的问题，其实就解决了"卖给谁"的问题，也就解决了品牌的目标消费人群定位问题。

奢侈品的定位是尊贵，目标消费人群是有身份、有地位、有经济实力的人，既然如此，那么，产品价格自然不会便宜，产品品质也必然精益求精，广告传播的对象也一定是"有身份有地位的成功人士"。

在确定了品牌定位之后，企业需要通过品牌差异化为品牌在消费者心目中占领一个特殊的位置，以区别于竞争品牌的卖点和市场地位。品牌差异化比产品差异化要难得多。品牌差异化是在品牌概念、品牌个性上与竞争对手做区隔，例如，中国移动动感地带"我的地盘我做主"，主打年轻人群体，就是一种品牌差异化的例子。

品牌差异化定位的目的就是将产品的核心优势或个性差异转化为品牌，以满足目标消费者的个性需求。成功的品牌大都具有一个差异化特征，明显区别于竞争对手，符合消费者需要，并能以一种始终如一的形式将品牌的差异与消费者的心理需要连接起来，通过这种方式将品牌定位信息准确传达给消费者，在潜在消费者心中占领一个有利的位置。

就拿矿泉水来说，一瓶矿泉水卖到几十元，有可能吗？有可能。虽然在矿泉水市场中，像娃哈哈这样一线品牌的矿泉水也不过1.5元一瓶，进口矿泉水也就三五元，而依云矿泉水是个例外，其主要原因就在于，依云树立了丰富并吸引人的品牌文化——依云矿泉水来自高山融雪和山地雨水汇聚的阿尔卑斯山脉腹地，经过长达15年的天然过滤和冰川砂层的层层矿化与自然净化，最终形成了独一无二的依云水。

1789年的某一天，有一位患有肾结石的法国贵族散步到此地的一个小镇，无意间饮用了当地的泉水，觉得口感甜美滑润，于是取了一些当地的水坚持饮用，一段时间后他惊奇地发现自己的肾结石奇迹般地消失了。这桩奇闻迅速传开，专家们对依云水专门做了分析研究并且证明了它的疗效。从这以后，大量的游客涌到了依云小镇，亲自体验依云水的神奇，医生们更是将它列入药方。拿破仑三世与皇后对依云镇的矿泉水更是情有独钟，1864年，正式赐名该地为依云镇，依云矿泉水也随之走向了全世界。

这就是品牌差异化定位所带来的奇效。品牌＋定位＋差异化，三者合一，达到高度的一致，不仅能吸引消费者注目，更能将品牌根植到消费者心中，如此才能造就一个成功的品牌。

能在顾客心中产生正面联想的品牌才能成为强势品牌

> 只要品牌能在顾客心中产生正面的联想，那么这种品牌便可称得上是强势品牌。
>
> ——科特勒《营销管理》

科特勒认为，品牌如果不能让人产生认知，那么，品牌就不可能成功。一个没有联系能力的品牌，就没有拓展品牌关系的能力。品牌由于依附于某种特定的产品和企业而存在，所以通常它也就成为这种产品和企业的象征。当人们看到某一品牌时，就会联想到其所代表的产品或企业的特有品质，联想到在接受这一品牌的产品或企业时所能获得的利益和服务。因此，每一个企业打造自身品牌的时候，首要任务就是建立品牌在消费者心目中的正面联想。

品牌联想不仅存在，而且具有一定的力量。消费者积累了许多次视听感觉和使用经验后，会加强同品牌的联系。科特勒提醒企业，在建立品牌联想时，应该注意把品牌的负面联想降到最低。同时，建立正面的品牌联想要注意差异化，才能在消费者心中形成更深刻的印象。如果麦当劳的联想和其他竞争品牌相同，那它的品牌便会毫无价值。

科特勒认为，企业要为品牌建立起多元的正面联想性，应该考虑可以传递正面联想的五个方面，即特质、利益、公司价值、个性和使用者。

一是产品特质。品牌首先使人联想到产品的某种属性。例如，一提茅台酒就使人想到它的工艺完备、昂贵、酒香浓郁、口感醇厚、尊贵等。企业可以采用一种或几种属性为产品做广告，如茅台酒一直作为众口皆碑的"国酒"而身价不菲。

二是产品利益。消费者买产品，最终目的不是购买产品的某一属性，而是要获得某种利益以满足自身需求。属性需要转化为功能性或情感性的利益。譬如，"昂贵"的属性可以转化成情感性利益，昂贵能让消费者感到尊贵与被尊重；"工艺完备"的属性也可以转化为功能性利益，工艺佳则品质有保证、口感有保证。

三是企业价值。品牌也能够体现一部分生产者的价值。例如，茅台酒代表着高技艺、声望、自信等等。品牌营销人员必须对此加以分辨，甄别出对此感兴趣的用户群体。

四是产品个性。品牌也能反映一定个性。如果品牌是一个人或者某样物体，那么会使人联想到什么呢？例如，提到万宝路，人们第一时间想起的就是西部牛仔。品牌联想的衍生物是否符合用户的审美观，会直接影响到顾客的购买行为。顾客如果向往西部牛仔那种狂野与自由，那么，他很可能就会钟情于万宝路。

五是产品使用者。品牌还暗示了购买或使用该产品的消费者群体的特征，也就是使用某品牌的用户是什么类型的人。当这种暗示在社会上形成风气与公论，就会吸引更多具有或希望具有此种特征的用户来购买。例如，有句话说"开宝马坐奔驰"，意指宝马具备运动性，能让人享受驾驶过程，而奔驰具备舒适性，坐起来很舒服。消费者在选车时，多多少少会受到这种"公论"的影响。

科特勒强调，品牌必须要能在顾客心中产生正面的联想，引发品牌共鸣，这样才称得上是强势品牌。营销人员在设计品牌时不能仅仅设计一个名字，还要设计一整套品牌含义，营造正面的联想，这样的品牌才是深度品牌。

第三节　品牌难立易毁，开发管理需谨慎

品牌强化：让品牌不断向前避免贬值

> 作为公司主要的持久性资产，品牌需要被小心管理才不至于贬值。强化品牌资产要求在数量和种类上提供持续的营销支持。品牌必须不断向前，但是要朝着正确的方向，有新的、令人喜爱的产品及营销方式。那些止步不前的品牌，它们的市场领导地位在不断退缩甚至消失不见。
>
> ——科特勒《营销管理》

科特勒指出，企业应该谨慎地管理自己的品牌。品牌资产必须妥善地加以管理才不至于贬值。品牌不能止步不前，而应该朝着正确的方向不断向前。在管理品牌资产时，企业最重要的是做好两点，一是加强品牌、强化其意义。比如，对产品进行改进，使之更受欢迎，或者发起富有创意的广告战役等；另一个则是发挥现有品牌资产的杠杆力，以收获一些财务利益。总而言之，品牌树立起来了，并非一劳永逸，如果不能让品牌得到持续的强化，那最终会削弱品牌意义和品牌形象，甚至让一个本来响当当的品牌逐渐没落。

品牌强化，最重要的不是重金砸广告，而是为顾客创造完美的品牌体验。现在的顾客可以通过广泛的联系接触点来了解某个品牌，这既包括广告，也包括对该品牌的亲身体验、口碑传播、

企业网页以及很多其他方式。企业要强化自己的品牌，就必须管理好这每一个接触点。管理好顾客的品牌体验可以说是建立品牌忠诚的最重要的要素，顾客每一次满意的体验，都能够对品牌起到强化作用。

企业还必须让全体员工都参与到品牌强化这个长远的工程中来，开展内部品牌建设，帮助员工理解企业的品牌承诺，并对其保持热情。更进一步，企业还可以培训和鼓励分销商和经销商为顾客提供优质服务。

品牌强化需要企业付出持续不断的努力。我们可以看一个美赞臣的案例。

在中国的奶粉行业，雀巢曾经是这个行业的第一品牌，居于绝对的领导地位，但是，现在的雀巢并没能保持在奶粉业的这种辉煌，拱手让出了第一的位置。而同样来自美国，美赞臣却是一个很惹人注目的品牌，它可以说是一枝独秀，始终在高端婴儿奶粉领域位居领先地位。

这两个品牌在全球市场都是鼎鼎大名的，但二者的经营方式有很大差别，结果也就很不相同。雀巢在奶粉领域几乎覆盖了所有的品类和价位，甚至连与奶粉相近的豆奶粉都做。然而，"全面开花"的策略并没能让雀巢获得决定性胜利。相比之下，美赞臣就不同了，它进入中国后，一直锁定高端婴儿奶粉市场，雷打不动，并且不断强化其"益智"的品牌定位。这种长期的聚焦与建设最终让美赞臣尝到了甜头。虽然从营业额上看，美赞臣远不及雀巢，但在奶粉领域的利润总额，却不容小觑，它几乎可以称得上是中国奶粉行业最会赚钱的品牌。

品牌强化是一场持久战，它需要企业在品牌定位和传播方面不断地坚持，去传播品牌的理念，让品牌深入人心。要让消费者记住一个品牌的核心理念是需要时间和巨大的传播费用的。坚持核心品牌主张在一定时期内持续不变的情况下，在传播策略和方法上不断进行微创新，这才是品牌传播之道。

品牌活化：让衰退品牌焕发新颜

> 通常，品牌活化的第一步是要了解品牌资产来源于什么，那些积极的品牌联想丢失了它们的强项以及独特性了吗？有没有消极的品牌联想与品牌产生关联？然后决定是否坚持原来的定位或者重新定位，如果是后者的话，新的定位如何？
>
> ——科特勒《营销管理》

科特勒指出，消费者品位和偏好的变化、新的竞争者和新科技的出现或者是营销环境的任何新发展都可能影响到一个品牌的命运。科特勒说，很多曾经著名的、受尊敬的品牌都曾经历过困难时期甚至因此消失，但经过品牌活化，其中的一些品牌得以重新归来，并散发出重生一般的新活力。像瑞士四大钟表制造商之一的真力时（Zenith）还有大众等都曾经经历过低谷，而最后也都成功扭转了其品牌命运。

科特勒建议企业，当品牌走到"山重水复疑无路"的境地时，不妨考虑"重回基础"，也就是回到最初的定位上，重新起步；如果原有的定位不再可行，那么企业可以尝试着进行"重新创造"，也就是根据实际情况和企业的发展规划，来确定新的定位。无论采取哪种方式，其最终的目的都是一样的，那就是让品牌重新

"活"起来。

品牌的活化，有多种方式。比方说，更新包装，旧貌换新颜，除了帮助消费者杜绝假冒、认清识别以外，还能突出激活在消费者中原有的品牌形象，刺激消费者购买欲望，像三精的"蓝瓶"，就是这样的例子。企业还可以更换形象代言人，形象代言人确实能为品牌增色不少，但是用久了，或者用得不到位，消费者就容易产生感官麻木、视觉疲劳，这是值得警惕的。此外，企业还可以尝试转换渠道，如果现有的渠道无法为产品打开销路，那么，更换渠道，大胆尝试，或许能找出一条"活路"。

事实上，激活老品牌的办法很多，消费者在不断演变，品牌也必须不断求新求变，要跟得上市场背景和消费者的消费行为。就像迪士尼公司的一位前任CEO所说的那样，品牌是一个有生命的独立体，它会随着时间流逝而逐渐衰弱。要让品牌摆脱或者延缓这种衰老的趋势，企业就必须在品牌活化上下功夫。

品牌延伸：利用已建立的品牌推出新的产品

> 当一个公司想要利用已建立的品牌来推出新的产品时，这个产品叫品牌延伸。品牌延伸一般可分为两类：产品线延伸和特许商品。潜在的延伸必须判断现有品牌对新产品发挥杠杆作用的效益如何，同时反过来这种延伸对现有母品牌的影响如何。
>
> ——科特勒《营销管理》

科特勒指出，品牌延伸就是使用一个已有的品牌在新产品类别中推出新产品或者改进的产品。这种策略可以帮助企业将自己的知名品牌或者具有市场影响力的成功品牌扩展到与成名产品或者原产品不尽相同的新产品上，借着成功品牌的名气来推广新产品。

很多企业都在运用这种品牌延伸策略，例如，金佰利就将其居于市场领先地位的"好奇"品牌从一次性的婴儿纸尿裤延伸到洗发露、润肤露、湿疹膏、浴巾、一次性纸巾等儿童个人护理用品上。还有宝洁，在打响其家庭清洁先生的品牌名气后，又推出了清洁坐垫、浴室清洁工具、家庭汽车清洁套装，还有以清洁先生冠名的汽车清洗液，等等。

品牌延伸一般有两种形式，一是产品线延伸，也就是借助母品牌在目前已经形成的产品类别中增加新产品，这可以通过改变风味、形式、颜色、成分或包装等来实现。比方说，一个方便面品牌旗下可推出不同口味的产品，如老坛酸菜牛肉味面、鲜虾鱼板面、老坛泡椒牛肉面、红烧牛肉面等等。

第二种形式是特许商品，这是指企业的品牌特许给实际生产某产品的其他制造商使用，例如吉普公司，拥有600种左右的产品和150家被特许的商家，从婴儿车到服装都有吉普公司的特许商品。

品牌延伸策略具有多种优势，借助于已经成功的品牌，可以让新市场迅速接受新产品，从而达到吸引新用户、扩充经营范围的目的。日本索尼公司前总裁盛田昭夫就深谙此道，他将所有新的电子产品皆冠以"索尼"之名，产品一上市就可以快速赢得消费者认可，因为消费者早已熟悉索尼这个品牌，并将索尼的品牌与质量可靠、功能先进等特征联系在一起，形成了极强的品牌忠诚度。这使得索尼公司在后来的发展过程中得以迅速扩充实力，不断占领、开发新市场，一举成为世界知名企业之一，品牌延伸策略的效力之强可窥一斑。

品牌延伸为营销者提供了一个品牌增值的新途径，它可以节省用于促销新品牌所需的大量费用，它还能使消费者迅速认识新产品。对企业来说，打造一个品牌是一个长期的、艰巨的任务。企业为了市场的推广需要，常会采用"一顶帽子大家戴"的品牌延伸策略，尤其对于资源有限的中小企业来说，这是一个让新产品尽快进入市场的好方法。但是，品牌延伸策略也不可以滥用，就像龙永图先生曾经说过的："一顶帽子大家戴也不能够瞎戴，瞎戴可能会砸了你这个品牌。'一顶帽子大家戴'是一个必须慎重运用的策略。"

营销者需要从多个方面对品牌延伸进行谨慎衡量，包括消费者的哪些需求尚未得到满足，品牌的现有认知状况和潜在正面和负面认知情况，以及品牌的长期发展战略等等，要站在消费者和市场前景的角度去做出理性的判断和决策。

联合品牌：强强联合的"1＋1＞2"效应

> 营销人员通常会以多种方式把自己的产品和其他公司的产品联合起来。联合品牌又称双重品牌或品牌捆绑，即两个或更多知名品牌被组合用于一个共同的产品上或者以一些方式共同进行营销活动。
> ——科特勒《营销管理》

科特勒指出，企业可以将旗下的某个品牌与自己的其他品牌或者其他公司的品牌捆绑起来，形成联合品牌。联合品牌最大的优势是一个产品身上可能汇聚了多个品牌的优点，因而更能吸引消费者，也更能让消费者信服。

品牌联合是在瞄准同一市场，但没有构成直接竞争的企业间进行战略整合。它通过把时间、金钱、构想、活动或演示空间等资源整合，为任何企业，包括家庭式小企业、大企业或特许经营店提供一个低成本的渠道，去接触更多的潜在客户。

品牌联合需要寻找和企业服务同类顾客的其他企业，统一战线，以合作的方式来更好地吸引现有和潜在的顾客，更好地开拓共同的市场。

两个企业建立联合品牌伙伴关系，能使各自的潜在客户量翻一番。这种策略是一种省钱省时、颇有成效的营销方式。

2012年，一部《复仇者联盟》的电影横空出世，掘金能力不俗，被影迷戏称为"妇联"。

这部影片的特色在于，它将众多知名影片中的超级英雄集结在一起，一部影片融合了钢铁侠、美国队长、绿巨人、雷神、鹰眼、黑寡妇等角色，他们组成了强大的"复仇者"团队，共同惩恶扬善，为和平而战。

可以说，《复仇者联盟》席卷全球的票房风暴，来得并不意外，一次性打包多个超级英雄，能迎合影迷的不同口味，并巧妙地利用了这些超级英雄已经建立起来的知名度。

其实，从营销角度而言，《复仇者联盟》是一个很好的联合品牌营销的典范，这个"复仇者"团队中的每一位英雄无一不是成功的荧幕形象，可以说每个人都是响当当的一块招牌，而将他们集结在一起，这部新片就完全不用担心怎样塑造知名度和影响力，因为它是众多优质"品牌"的大联合。

在商业竞争中，联合品牌的运用更是广泛，它既可以是同一家公司的品牌联合，也可以是合资的联合品牌。

举例来说，像通用电气和日立共同推出电灯泡；花旗银行和美国航空公司共同推出信用卡；摩根大通和美国航空联合创造的大通美国旅行卡；苹果、IBM和摩托罗拉发起的一次性技术联盟Taligent；耐克和苹果联合创造了"耐克＋iPod"运动套装，跑步者可以将其耐克鞋与iPod Nano连接起来，从而实时记录好，加强跑步效果。

通过品牌联合，一个品牌可以嫁接另一个品牌的优势，一个企业可以跟另一个企业强强联合进行互补，由于原来的品牌在不同的产品类别中已经打下了一定的基础，所以联合后的品牌将创造对消费者更强的吸引力和更高的品牌资产。

联合品牌还可以使企业将现有品牌扩展到新产品类别中，比起单独进入某个新市场，难度和风险都降低了很多。

需要注意的是，品牌联合在很多情况下意味着两个原本并无交集的企业要进行多方面的融合与磨合，所以，是存在一些问题和风险的。要达成这种联合，企业必须考虑这样几个问题：

第一，目标消费者是否具有共性。

每个企业或者品牌都有属于自己的消费群体，如果进行联合营销的品牌没有共同的消费者资源，那么这样的联合一定会失败。

第二，品牌追求是否一致。

品牌不仅仅是一个符号，它体现着消费群体对文化、利益等方面的追求。如果进行联合的品牌没有一致的品牌追求，那么，就很难凝聚在一起。

第三，品牌联合需要通过法律合同或许可证书来保障，这样能对企业形成约束力,能为品牌联合保驾护航。

把自己的品牌交给别人使用或者与别人共同开发,这就如同将自己的孩子交给他人一样,需要力保"孩子"交出去后能得到最好的照顾。

进行联合的两个或多个品牌必须周密地协调其广告、促销和其他营销努力,一旦开始采取合作品牌策略,双方都必须精心呵护对方的品牌。

第五章 目标市场营销：多能不如一专

第一节 市场细分：舍大取小，分而制胜

地理细分：地域不同，消费习惯也会有差异

　　地理细分是指将市场分成不同的地理区域，诸如国家、地区、州、城市或者街区。公司可以决定在一个或几个地理区域从事经营活动；或者在所有区域内经营，但同时关注需求和欲望的地理差异。
　　　　　　　　　　　　　——科特勒《市场营销原理》

　　科特勒说，现在有很多公司都已经对其产品、广告、促销和销售进行本土化尝试，进行地理细分，以适应各个地区、城市甚至是街区的需要。

　　地理细分是细分市场的一种简单明确的方式。公司在选取自己的目标消费市场时，第一步往往是根据目标市场所处的地理位置，如国家、地区、县市、城市或地段来加以区分。不同的地区所孕育的历史文化也各不相同，消费者的偏好与消费习惯自然也各有千秋。因此，地理细分已经成了一种很常见的细分方式。

　　科特勒举例说，有的食品公司总是会在靠近减肥中心的社区商店额外多配送几箱低卡路里的快餐食品；电子游戏公司会在全球范围内根据不同的区域市场创造和出售同一个游戏的不同版本；有的公司为了逃离竞争激烈的大城市，在郊区或者小城镇建立商

店。例如,家得宝公司正在发展一种新的商店模式,这些商店只有其传统店铺一半的规模,主要针对那些不够支撑大规模商店的小市场和空白区域设计,旨在提供更加亲切方便的五金产品购物环境。还有沃尔玛,在那些不足以新建大规模商场的地方,沃尔玛会开设小型的超市风格的街坊百货店与社区店,这类商店规模只有购物中心的十分之一左右,但足以满足当地的消费者需求。

地理细分抓住了消费者日益多样化这一特征,针对区域细分市场的地理特征和人文特征进行分析,进行个性化的市场营销设计,确保市场营销活动的利益最大化、风险最小化。这种细分方式要求营销人员深入了解某一地区的地理区域特征和消费群体人文特征,制定有针对性的战略策略措施,进行地理区域本土化市场营销运营。

麦当劳是国际餐饮巨头,创立之初,由于其创始人及时抓住了快速发展的美国经济形势下广大的工薪阶层需要方便快捷的饮食的良机,并且进行了准确的细分和定位,使得麦当劳一举成功。回顾麦当劳的发展历程就可以发现,麦当劳非常重视市场细分的重要性,尤其是地理细分。无论是美国国内市场,还是国际市场,都有各自不同的饮食习惯和文化背景。麦当劳因此进行地理细分,针对不同的地理单位采取不同的营销策略,从而做到因地制宜。

麦当劳每年都要投入大量的资金进行认真严格的市场调研,研究各地的人群组合、文化习俗等,然后再做出详细的细分报告,以便为每个国家甚至每个地区的本土化市场策略提供市场依据。

它在刚进入中国市场时,带来了大量的美国文化和生活理念,并试图让这些文化和理念在中国市场扎根,当时麦当劳希望以其主打产品——美国式的牛肉汉堡来征服中国消费者的"胃"。但事实却是，中国人更爱吃鸡，鸡肉产品比牛肉产品更符合中国人的口味，也更容易被接受。针对这种情况，麦当劳改变了原有的策略，打破了它在全世界从来只卖牛肉产品的惯例，在中国市场推出了鸡肉产品。这一转变正是针对地理因素所做的，也大大加快了麦当劳在中国市场的扩张步伐。

麦当劳的地理细分还给我们带来了另一重启示，在进行地理细分时，一定要提高研究所得的市场策略应用到实际营销活动中的效率。麦当劳虽然每年都投入甚多用于各个地理细分市场的研究，但应用效率却因为各种各样的原因不尽如人意。麦当劳在全球市场都领先于肯德基，唯独中国市场是个例外，落后于肯德基，这其中很重要的一个原因就是肯德基更加本土化、中国化。麦当劳在最初进入中国市场时对中国消费者的口味必然有所研究，但它一开始还是主推牛肉汉堡，直到后来才被动改变策略，主推鸡肉产品，这不能不说是市场研究与市场应用之间脱节的一种表现。

地理细分，一定要做好市场研究工作，并根据研究所得开拓市场。现在，越来越多的企业都意识到了地理细分的重要性。他们从产品设计、营销方案、市场服务等方面开始注重地理区域市场带来的差异，在营销差异化战略基础上，紧密结合地理区域特征，开展细分消费者市场的建设，走在了市场的前列。

需要注意的是，地理变量易于识别是细分市场应予以考虑的重要因素，但即便是同一地理细分市场的消费者在需求上仍是大有差异。就拿一个城市来说，它可以视为一个地理细分市场，但在这个城市里，有着几十万甚至数百万的人口，这些人群的需求有共性，但必然也有其差异性。所以，企业不能简单地以某一地理特征区分市场，还应该结合其他的细分变量综合考虑，去选择适合自己的目标市场。

人口细分：将消费者区分为有差异的群体

> 人口细分是将市场按年龄、性别、家庭规模、家庭生命周期、收入、职业、教育、宗教、种族、世代和国籍等人口统计因素分为多个群体。人口统计因素是最常用的市场细分基础。
>
> ——科特勒《市场营销原理》

科特勒指出，年龄、性别、职业、收入等都是人口统计学中的典型指标。将之应用在市场细分中，也就形成了人口细分方式。由于人口是构成消费品市场的基本要素之一，同时具有易区分、可衡量的可操作性，因而人口细分已成为市场细分最常用和最重要的标准之一。目前，企业中常用的人口细分变量主要有以下几个：

一是年龄和生命周期阶段。

消费者的需要和欲望随着年龄的增长而变化。一些公司针对不同年龄和生命周期的消费者提供不同的产品，运用不同的市场营销策略。例如，一家食品公司为儿童提供一种充满趣味的儿童午餐，而为老人们提供的则是一种只需要用微波炉简单加热就能食用的热乎乎的、松软的新鲜三明治。

再比如，高露洁在生产牙膏和牙刷时，就分别建立了不同的生产线，以便能够为儿童、成年人和老年人提供产品；帮宝适将它的市场按月为单位分为不同的消费者市场；几乎所有奶粉企业都将奶粉划分为婴儿奶粉、幼儿奶粉、成人奶粉、中老年奶粉，而婴儿奶粉又按月划分为不同的阶段。

在运用年龄和生命周期细分市场时，营销人员要避免落入陈规俗套。比方说，一些老态龙钟的老人，他们的确上了年岁，可是，他们很可能比年轻人还要活跃，还要"年轻态"；还有，40多岁的中年人有的可能已经将孩子送入了大学，而有的则很可能刚刚开始组建家庭。也就是说，不能单纯地根据年龄去判断一个消费者的生命周期、财富、工作以及家庭情况、购买能力。营销人员需要透过表象看本质，对消费者加深了解。

二是性别。

在服装、化妆品、日用品等市场，性别细分是很有必要的。男性与女性在很多产品的消费上，是有截然不同的需求和喜好的。比方说，宝洁推出过一个品牌叫"秘密"，这就是一个专门为展现女性魅力而设计的产品，无论是产品本身还是包装与广告都突出了女性的形象。在过去，男性是不大使用护理用品或化妆品的，但现在，随着男士越来越重视自身形象，一些专门生产女性化妆品的公司也开始营销适合男性使用的产品，例如，妮维雅推出的男士系列产品就将自己定位为"专为积极健康的男性而设计的护理产品"。

三是收入。

收入水平直接决定着消费者的购买力，所以，根据收入进行细分也是不容忽视的。特别是汽车、服装、化妆品、理财、旅游等需要一定购买实力做支撑的产品，收入一直是一个重要的市场细分化变量。比方说，汽车就有针对富裕阶层的售价几十万甚至上百万的豪车，也有针对中产之家的定价在十几万、二十几万的车型，还有针对普通收入群体的定价在几万元左右的车型。在零售业，很多连锁商店瞄准中低收入群体，为他们提供物美价廉的商品，这些商店因为定位准确，能很好地满足占据人口大多数的中低收入人群，因此大获成功。

企业在进行人口细分的时候，要特别注意对人文变量的理解，营销策略如果触及了消费者群体的敏感神经，如宗教信仰、民族种族等，就很可能被市场所排斥，严重的时候甚至会威胁到企业的生存。

心理细分：心理模式影响购买行为

> 心理细分是根据社会阶层、生活方式或个性特征将购买者划分为不同的群体。具有相同人口特征的人，在心理模式上可能大相径庭。
> ——科特勒《市场营销原理》

消费者的心理模式对其购买行为有着直接且深刻的影响。即使是具有相同人口特征的人群，也可能表现出差异性极大的心理特性。所以，企业需要从社会阶层、生活方式以及个性特征等因素对消费者进行心理细分，具体而言是这样的：

社会阶层是指在某一社会中具有相对同质性和持久性的群体。同一阶层的成员往往具有类似的价值观、兴趣爱好和行为方式，而不同阶层的成员之间则会表现出较大的差异性。所以，识别不同社会阶层的消费者所具有的不同特点，可以为很多产品的市场细分提供重要的依据。

生活方式是指一个人怎样生活。人们追求的生活方式各不相同，如有的追求新潮时髦；有的追求恬静、简朴；有的追求刺激、冒险；有的追求稳定、安逸。生活方式不同，消费者所偏向的产品风格与类别自然也会有差异。

个性是指一个人比较稳定的心理倾向与心理特征。俗话说，千人千面，每个人的个性都会有所不同。通常，个性会通过自信、自主、支配、顺从、保守、适应等性格特征表现出来。因此，企业可以对消费者按照性格特征进行分类，从而为企业细分市场提供依据。在这方面最为知名的例子，就是万宝路，它塑造了西部牛仔这一形象，吸引了崇尚自由野性、洒脱阳刚、粗犷豪迈的消费者群体。

人们的心理状态直接影响他们的购买趋向，特别是在具备一定购买力的顾客群体中，他们购买商品已经不限于满足基本生活需要，心理因素左右购买行为的情况更为突出。美国斯坦福咨询中心曾经进行过深入的调研，并将美国的成年人的心理模式划分为八大类，分别是改革者、有思想者、成就者、尝试者、有信仰者、斗争者、生产者和挣扎者。这些群体每一类之间都有着很大的差距，对他们有必要进行心理细分，进而采取针对性的营销策略。

国内的消费者同样也是如此，在心理模式上是有很大差异的。比如《老男孩》的火热就是因为它把准了中青年一代人浓厚的怀旧心理。

特殊的经历与背景会造就特殊的心理情结，而有着共同经历与背景的群体很容易对同样的事物产生同样的癖好、同样的看法与心理，对于那些能够契合他们心理、引发他们共鸣的东西，他们会产生一种普遍的认同感、偏爱感和亲切感。所以说，根据消费者的心理模式来细分市场是一种行之有效的方法。

国内的长虹彩电在很早之前，就将心理细分市场这种策略运用得恰到好处。早在长虹推出彩电之时，它就抓住了人们强烈的爱国情结，打出"以民族昌盛为己任"的口号，不仅取得了消费者的认可，甚至得到整个社会的肯定，不但提升了市场销售量，更是极大地提升了品牌价值。这句口号在那个特定的年代，落在那个时代的消费者心里，就会收到意想不到的效果。

从这也可以看出，人们的心理模式是处于不断变化之中的，每个人在每个不同时期的心理状态是大不相同的。企业要深入地了解消费者，掌握他们的心理"密码"，然后根据消费者的不同心理模式对市场进行细分。

行为细分：建立细分市场最好的出发点

> 行为细分是根据人们对产品的了解、态度、使用情况或反应，将购买者划分为不同的群体。许多市场营销者认为，行为变量是进行市场细分最好的出发点。
>
> ——科特勒《市场营销原理》

科特勒指出，消费者的行为变量——如时机、利益、使用者状况、使用率、购买者准备阶段、忠诚状况及态度等——是建立细分市场最好的出发点。

第一，购买时机。

营销人员可以根据消费者产生购买意图、采取实际购买行动以及使用所购买的产品的时机来细分市场。就拿我们身边的例子来说，城市公共机车运输公司就可以根据上下班高峰期和非高峰期乘客的需求特点来划分不同的细分市场并制定不同的营销策略。再比方说，航空公司就可以按照消费者的购买时机大致划分为公务、休假、家庭旅游这样几类。

通过购买时机细分市场还有助于帮助企业扩大产品的销量。例如，在母亲节、父亲节、情人节、圣诞节等节日，商家会对很多产品进行大力的推广和促销，但除了这些广为重视的节日之外，其他的一些小节日或者普通的假日也可以通过创意性的营销运作，对产品进行营销推广。可口可乐公司就曾推出过主题为"早上好"的宣传运动，它将软饮料宣传为一种适宜清晨饮用的提神饮品，从而提高健怡可乐的销量。

第二，追求的利益。

消费者购买某种产品总是为了解决某类问题、满足某种需要。然而，产品提供的利益往往并不是单一的，而是多方面的。利益细分就是根据消费者从产品中追求的不同利益，将他们划分为不同的群体。比方说，同样是购买汽车，有人看重的是安全性，有人看重舒适感，有人看重驾驶的快感，有人看重档次与品位，还有人看重的是性价比。营销人员就可以根据消费者所追求的主要利益的不同，对他们进行细分。

第三，使用者状况。

营销人员还可以根据使用者是否使用产品以及使用的频次情况，将消费者分为非使用者、曾经使用者、潜在使用者、首次使用者和经常使用者。市场营销者希望巩固和留住经常使用者，吸引目标市场的非使用者，以及重建与曾经使用者的关系。

第四，使用率。

根据消费者使用产品的量的大小也可以对市场进行细分。通常会有大量使用者、普通使用者和轻度使用者。大量使用者的人数虽然不多，但其消费量在企业全部营收中占的比重是非常大的。美国有一家啤酒公司发现，其80%的啤酒产品被50%的顾客消费掉了。因此，公司决定将啤酒重度饮用者作为目标市场。那么，这部分群体有哪些特征呢？经调查发现，重度饮用者大多是蓝领工作者，年龄在25~50岁之间，喜欢看体育节目，每天花在看电视上的时间不少于3~5个小时。显而易见，根据这些信息，企业就可以在其定价、广告传播等方面改进策略和思路。

第五，用户忠诚程度。

有的消费者对企业非常忠诚，在较长时期内他们就专注于某一个或者有限的几个品牌，有的消费者却经常变换品牌。根据用户的忠诚程度，企业可以对用户的忠诚程度进行细分，针对不同忠诚程度的用户采取不同策略；同时，企业还可以从中去了解，为什么有的消费者忠诚于本企业，而另外一些消费者却忠诚于其他的竞争对手。

第六，购买的准备阶段。

消费者对自身需求还有对产品的认识程度是不一样的。有的人尚未能察觉到自己对某类产品有需求；有的人能够意识到自己的需求，但还不知道该使用哪些产品；还有的人知道产品的存在，但对产品的价值、特性等等还缺乏了解；还有一些消费者则可能已经在考虑是否要购买。所以，从消费者所处的购买的准备阶段，企业可以进行细分并采用不同的刺激和引导策略。我们可以来看一个例子。

国外有一家高档厨房和烹饪用品零售商，它看准了一个特殊的消费者群体，那就是新婚人士与年轻情侣，为了向他们推广其产品，该公司在《新娘》杂志登了一则插页广告，广告上展示的是年轻的情侣在公园散步，还有在厨房中亲密交谈的画面，在广告中，女孩问道："现在我已经找到了爱，我还缺什么呢？"广告画面中，在显眼的位置，就是该公司的刀具、烤箱、平底锅、碗等产品的精美图片，给人以强烈的暗示意味。该零售商还邀请新人们登记信息与需求。此次营销的结果是，登记信息的新人们几乎有一半成为该品牌的新顾客，而在未来，开始新的家庭生活的他们将会购买更多的厨房和烹饪用具。

这家零售商就是从消费者购买的准备阶段入手来进行市场细分和目标市场选择的，他们瞄准了年轻的情侣与新婚夫妇，刺激他们的需求和购买欲望，引导其消费。

第七，态度。

不同消费者对同一款产品的态度可能会有很大不同。有的人持肯定态度，有的人持否定态度，还有的人则是无所谓的态度。企业可以根据顾客对产品所持的态度来细分市场，并在广告、促销等方面采取不一样的措施。

上述的这些行为变量能够直接地反映消费者的需求差异，因此被很多营销人员视为市场细分的最佳出发点。

第二节　目标市场：选定最适合自己的区域

评估细分市场时，企业必须考虑三大因素

市场细分有助于公司识别细分市场的机会。随后，公司必须评价各个细分市场并决定自己能够最好

地服务于哪些细分市场。在评估各种不同的细分市场时，公司必须考虑三大因素：细分市场的规模和增长潜力、细分市场的结构吸引力，以及公司的目标和资源。

——科特勒《市场营销原理》

科特勒指出，企业要确定目标市场，首先要对细分市场进行评估。具体来说，要评估的是三方面的因素：

首先是评估细分市场的规模和增长潜力。公司应收集和分析各个细分市场的资料，包括细分市场当前的销售量、增长速度和预期的盈利性等。大企业对于较小的市场，往往不屑一顾；而小企业对于较大的市场，又缺乏足够的资源来进入，而且也难以在大市场上与大企业竞争。如果细分市场的规模狭小或趋于萎缩状态，那么企业进入后就难以获得发展，无利可图。只有选择具有恰当规模和增长空间的细分市场，企业才能更好地发挥。

其次是评估细分市场的结构吸引力。该细分市场中是否已经有了很多强大的竞争者，是否有许多现有的或潜在的替代产品，是否有足够的具备一定购买能力的顾客，等等，这些都会影响到细分市场的吸引力。无论是大企业，还是小企业，都在寻找盈利潜力超过平均水平、成长前景看好的细分市场。市场吸引力取决于他们比对手更好地利用这些特性的能力。每一细分市场的成长前景取决于未被利用的机会。即使是成熟的市场也可能存在着非常重要且未被人注意的增长潜力。

最后是评估企业的目标和资源。某个细分市场即使很有吸引力,但它很可能与企业的长期目标不相符,或者说,公司缺乏在该细分市场立足所必须具备的资源和实力。如果进入这样的细分市场,非但不能推动公司实现发展目标,甚至还会分散公司的精力。如果企业实力雄厚、资源充裕、具有较多高素质的生产技术人员和经营管理人员,当然可以选择较大的市场作为服务对象。相反,如果企业资源有限,人力、物力、财力不足,则需集中使用有限的资源,也不要妄想"狮子大开口"地吞下过大的市场。只有选择那些公司有条件进入、能充分发挥其资源优势的市场作为目标市场,公司才能成功地实施其营销组合计划。

此外,产品的特点、生命周期阶段、供求趋势,还有竞争对手的策略等等,都是企业在选择目标市场的时候不得不考虑的一些因素。

企业选择目标市场时应综合考虑上述各种因素,权衡利弊,方可做出决策。

提起内衣店,很多人第一印象里想到的大都是女士内衣店,这样的内衣店大街小巷比比皆是,竞争非常激烈。有个人创业的时候就选择了开一个内衣店,不过,他选择的是男士内衣。很多人劝他,男士内衣相对于女士内衣来说,市场要小很多,做起来恐怕会很困难。这个人却仍然坚持,他在选址时没有选择传统的商业街,因为成本太大了,他在商业街后面的另一条普通街上选择了一个店铺,成本要低很多。他店里的男士内衣,样式多种多样,还有一些稀奇古怪的。而且,每一条内裤的定价至少都在50元以上,好的需要几百块。旁人看他店里的内裤款式奇特,都以为他的主打顾客群应该是年轻人,可事实却是,他店里的购买主力是35岁以上的中年男性,这部分顾客占到80%左右。年轻顾客也有，但是看热闹的居多，购买的少。

  经营不到一年时间，这个人就连开了四家分店，生意相当不错。在谈及该店的定位时，这个人说，店里这些款式新奇的内衣在一开始的确定位在年轻人，他试过很多方式，如打折、促销、减价，这的确能吸引来年轻顾客，但是动辄百元的价格即使打折过后，年轻顾客仍然难以承受。而相比之下，中年顾客群体则大不相同，他们买的时候并不注重价格，更在乎样式和质量，注重产品的内质与舒适度，而且，这些顾客很容易培养出忠诚度，他们只要穿得舒服，下一次还会继续购买，而且很多顾客还会给这家店做免费的口碑传播。所以，内衣店的生意才蒸蒸日上。

  这个例子说明，找准目标市场是多么重要。如果一开始就找错了目标消费群体，那么，即便营销手段再高明，也只能争取到本来就只占小份额的那一部分顾客，而真正的消费群体却没有办法被这些营销手段打动。上面例子中的店家，在目标市场的选择上，就非常明确，他锁定的就是35岁以上有一定经济基础的中年顾客群体。

  在STP战略中，目标市场的选择是非常关键的一步。目标市场的确定意味着营销对象的确定，也意味着对营销战略规划具有直接指向性的影响。企业的营销战略必须适应目标市场的地理环境与人文环境，必须迎合目标消费人群的习惯和爱好，以满足其特定的需求。目标市场策略应有相对的稳定性，但这并不意味着目标市场策略一经确立就不能改变，当企业的内、外条件发生重大变化时，目标市场策略也需进行调整和转变。

企业理智的做法应该是一次进入一个细分市场

> 公司的明智做法应该是一次进入一个细分市场，并将全盘计划保密，不能让竞争者知道本公司下一步将要进入哪个细分市场。
>
> ——科特勒《市场营销原理》

科特勒提醒企业，在确定细分市场时，最好是一次进入一个细分市场，并做好全盘计划的保密工作。企业一次进入多个细分市场，很大程度上是为了分散风险、增加盈利，他们认为，同时在多个市场经营，即便有几个市场的表现比较失败，但总会有一两个市场能给企业带来丰厚的回报。但事实上，同时开辟多个细分市场，会给企业带来不小的风险，会造成企业资源的紧张、成本的增加，最终会给管理带来很大的挑战。

企业如果一次只进入一个细分市场，那么就能集中优势力量，实行专业化生产和销售，降低成本，提高企业和产品的知名度，提升企业在细分市场的地位和竞争力。

日本尼西奇公司最初是一家生产雨衣、尿布、游泳帽、卫生带等多种橡胶制品的小厂，由于订货不足，面临破产。当时的日本，正值经济复兴，人民生活日益提高，生活方式也在逐渐发生变化。尼西奇的总经理多川博在一个偶然的机会，从一份人口普查数据中了解到，日本每年约出生250万个婴儿，这个数据让他惊讶，要知道250万新生婴儿，如果每个婴儿用两条尿布，一年就会有500万条尿布的广阔市场。于是，多川博当机立断，先放弃尿布以外其他产品的生产,将公司所有资源都投放到尿布的专业化生产上来。

尼西奇公司为了满足日本生育高峰而带来的对婴儿尿垫的需求,集中力量大力发展婴儿尿垫和尿布的生产,不断研制新材料,开发新品种,在激烈的竞争中站住了脚跟。其他服装公司也在生产尿垫,但他们与尼西奇公司相比,在专业度上要相差很多,因此,在竞争中纷纷败给了尼西奇。

尼西奇公司认为,作为一个中小企业,财力、人力、技术都有限,如果什么都想做,到头来很可能样样都做不出成绩来,只有扬长避短,先把自己最有把握的产品经营好才会有出路。婴儿尿垫虽然是小商品,但它却是人们生活中不可缺少的东西。

经过十几年的努力,尼西奇公司的婴儿尿垫在日本可以说和丰田汽车一样有名,甚至赢得日本皇室的高度赞誉。几乎所有的大百货公司、超级市场、儿童用品商店里都陈列着尼西奇的产品。它的年销售额高达120亿日元,现今日本市场上的婴儿尿垫70%以上是尼西奇公司生产的。这个资金、人员都有限的企业,不仅是日本的"尿布大王",而且是世界上最大的尿布专业公司。现在,西欧、美洲、大洋洲、非洲以及东欧市场上都出现了大量尼西奇公司生产的尿垫,而且每年销售额仍以20%的速度递增。

尼西奇公司的发展史充分证明了一点:因为专注所以专业,因为专业所以成功。中小企业无论是资源实力,还是抗风险能力都是难以跟大企业相比的,与其四处出击收效甚微,不如突破一点取得成功。

不仅中小企业是如此,其实许多知名的大企业在制订长期发展计划时也是如此步步为营的。

比方说，百事可乐公司在挑战可口可乐公司时，首先是向可口可乐公司的食品杂货市场进攻，接着是自动售货机市场，然后是快餐市场，它总是在吃透一个市场之后才会转向下一个市场，不疾不徐，稳打稳扎。

还有丰田公司，它先是主攻小型汽车（如雄鹰和花冠），然后再推出中型汽车（如凯美瑞、亚洲龙），最后推出的是豪华型汽车（如雷克萨斯）。

联想老帅柳传志先生在形容联想的做事风格时曾打过这样一个比喻："先撒上一层土，夯实之后，再撒上一层土夯实，然后再一步一步走。"一次只进入一个细分市场，就正如这比喻所言，是先撒土，夯实之后再撒另一层土，沉稳扎实地经营好细分市场。

选定超级细分市场，而不是孤立的细分市场

> 公司应设法在超级细分市场中营销，而不是在孤立的细分市场中经营。超级细分市场是指一组有相同开发价值的细分市场。例如，交响乐队的目标是有广泛文化兴趣的听众，而不仅仅是参加音乐会的常客。
> ——科特勒《营销管理》

科特勒指出，企业在明确目标市场的时候，应选择超级细分市场，而不应选择孤立的细分市场。

在强生公司大部分婴幼儿洗护产品上，我们都可以看到这样一句广告词"宝宝用好，您用也好"。这是一句很乖巧的宣传语，更是一种高明的超级细分市场营销的范例。就这样一句话，轻轻松松地将多个具有相同开发价值的细分市场串了起来。

我们都知道,婴幼儿专用的洗护用品品质佳、注重安全,而很多成人在呵护自己的肌肤时,都会想:婴幼儿用的产品,我能不能用呢?我用了是不是也会有婴幼儿的那种效果呢?而强生特别印上去的那句广告语恰恰起到了绝佳的暗示作用,它等于是在告诉非婴幼儿,但又对强生产品有兴趣的消费者,强生婴幼儿产品不仅孩子们可以用,大人也可以用。于是,产品的受众范围一下子从婴幼儿扩大到了更广大的人群。大人也开始用强生婴儿沐浴露作为自己的沐浴露,用强生婴儿洗发液洗自己的头发,用强生婴儿润肤油滋润自己的肌肤……哪怕这些人只是偶尔用用,强生公司仍然取得了原本并不属于它的一部分产品消费份额。

除了强生公司之外,还有许多公司也都运用了这一营销策略,如有一种洗洁精在瓶身上注明"本品可作洗手液,保证不伤手",这就等于偷偷占据了一部分洗手液的市场。

这些例子都足以说明超级细分市场的价值和意义。如果企业选择的是孤立的细分市场,那么就等于把鸡蛋完全放在了一个篮子里,风险是极大的。一来,只困守这么一个孤立市场,利润和发展空间都有限;二来,一旦企业在该市场遭遇不利,想要换一个战场重新起跑会很艰难。而超级细分市场就能帮助企业降低很多风险,不仅能够给企业带来更多的营业收入和利润,同时还能给企业留下"后路",进可攻,退可守,不至于被困死在一个狭窄的细分市场之中。

在零售百货业中,有一部分市场嗅觉敏锐的领先型企业,现在越来越关注一类特殊的群体,他们被称为准富裕阶层。什么是准富裕阶层呢?在传统的分类中,零售百货业常将消费者群体按收入水平划分为富裕阶层和中低收入阶层,他们对应的就是高端与中低端定位。而随着近年来消费者收入水平越来越高,"准富裕"阶层应运而生。这部分消费者的收入水平要高于大众化的消费群体,但是又低于富裕阶层。他们虽然无力承受富裕阶层的高消费,但是大众化的消费品同样很难令他们满足。他们既不适合归入高端顾客,又不适合纳入中低端顾客。市场上现在还比较缺少专门针对这部分消费者群体的市场,但他们又是绝对不能忽视的,他们的购买力与潜在价值甚至超越中低端顾客群,也超越高端顾客群。像这样的一个消费者群体就是一个很有潜力的超级细分市场。

沃尔玛、家乐福这样的大型连锁超市主要瞄准的是大众化的市场,而一些精品商场则定位为高档,这样一来,针对于准富裕阶层就出现了空白,这部分群体大有一种有钱花不出去的意味。为了吸引这部分群体,一些领先企业开始在营销策略上做一些转变,就拿沃尔玛来说,沃尔玛已经开始开设专门针对这一阶层的"店中店",以充分挖掘准富裕阶层的消费潜力。在以后,必会出现更多的适合于准富裕阶层的产品以及零售渠道模式。

所以说,当企业受困于一个孤立的细分市场时,应有危机感,要重新审视细分市场,找出不同细分市场的共同点,以共同点为基础,将不同的细分市场进行整合,扩大自己的生存发展空间。

选择目标市场时必须考虑道德与社会责任问题

> 市场目标的选择应该尽量避免消费者的激烈反对。社会责任营销要求市场细分和目标化的服务不仅要考虑公司的利益,也要考虑整个目标市场的利益。营销者要在选择目标市场时考虑道德与社会责任问题。
>
> ——科特勒《市场营销原理》

科特勒提醒企业，在确定目标市场时，除了要重点考虑目标市场的规模和增长潜力外，还有一点是不容忽视的，那就是必须考虑道德与社会责任问题，要尽量避免消费者的激烈反对。

明智的目标市场选择可以使公司得以聚焦于最有利可图的、最有发挥空间的细分市场，并向特定的消费者群体提供能满足其需求的产品。但是，目标市场的选择有时也会引发消费者的争议和担心。最大的问题通常涉及对那些容易受到影响、处于不利地位的消费者提供具有争议的或者有潜在危害的产品。

在我们身边，其实就存在很鲜明的例子，比如烟草业、酒业、网络游戏、快餐食品等等，这些行业是很容易引发争议与道德责任问题的。很多国家都对烟草广告、酒业广告严格管控，为的就是尽量减少这些广告对大众，尤其是对青少年的影响。

现在针对成人的很多产品的市场营销已经有意或者无意地倾入青少年的细分市场，也引发了新的问题。比方说，世界知名的内衣品牌维多利亚的秘密，曾针对18~30岁左右的年轻女性推出过年轻嬉皮又性感的产品，定名为"红粉佳人"，产品上市后备受女性欢迎。由于维多利亚的秘密出色的设计以及一系列营销活动的影响，不仅年轻女性喜欢，一些未成年少女甚至是10来岁的小女孩都为之吸引，她们纷纷购买"红粉佳人"产品，引起了家长和社会的担忧。

科特勒曾经提到说，在美国，十几岁的女孩可能将其低腰牛仔裤低到可以露出花里胡哨的内裤。法国的女士化妆品、吊袜带，都有适合十几岁青少年的规格。芭比娃娃也有采用露背吊带衫和高跟靴子的"亮闪闪的奢华"风格。不到12岁的女孩高声宣扬着："难道你不想自己的女朋友像我一样火辣？"这样的早熟让人不由得不忧心。

　　这些问题在国内的消费市场同样存在。青少年的身心健康引发的是全社会的关注。比方说一直以来人们对于网络游戏的批评与担忧。我国约有超过2000万的网游少年，其中网游成瘾者有几百万。在网络游戏玩家之中，16~25岁的人占了四分之三左右，青少年更是其中的主体。网络游戏市场在显示出其超凡的吸金能力的同时，游戏中的色情、暴力元素也暴露出来，让很多青少年沉湎其中，难以自拔。网游几乎成了引诱青少年堕落的代名词，一些青少年因沉迷网游而抢劫、强奸、杀人的新闻也屡见不鲜。这些问题及其社会影响力都是企业在选择目标市场时不得不考虑的。

　　此外，像环境保护、食品安全、信息安全等问题都是消费者群体所共同关注的，稍有不慎，都会酿成大问题。企业在选择目标市场时，要审慎对待这些因素，有一些底线是不宜触碰的，否则，会给企业的形象和声誉带来至深的影响。

　　在目标市场营销中，真正的问题不在于以谁为目标，而在于如何选择目标市场和为什么选择。当市场营销者试图以目标市场为代价换取盈利时——即不公正地以易受影响的细分市场为目标，或者向他们推出有问题的产品或营销策略时，就会引发争议。具有社会责任的市场营销要求，细分市场和目标市场选择不能只考虑公司自身的利益，还要考虑目标顾客的利益。

第三节 市场定位：定义在消费者心目中的形象和位置

成功的营销战略关键在于：聚焦、定位和差异化

> 成功的营销战略关键在于：聚焦、定位和差异化。企业必须仔细地界定其目标市场；建立独特的产品定位并将其有效地通过沟通传达给消费者；制定差异化市场供给品，使竞争对手很难完全模仿。
>
> ——科特勒《科特勒说》

在科特勒看来，成功的营销战略有三点至为关键，那就是聚焦、定位和差异化。

聚焦是指集中力量于某几个细分市场，主攻某个特殊的顾客群、某产品系列的一部分或某个地区市场，而不是在整个市场范围内进行全面出击。这样可以使企业以更高的效率、更有特色的产品和服务满足某一特定的战略对象的需要，以便在狭窄的市场范围内实现低成本、差异化或者二者兼得的竞争优势。

定位是指企业把针对目标市场细分开发出的产品特性传达给消费者。也就是要令自己的企业和产品与众不同，形成核心竞争力，让品牌在消费者的心智中占据最有利的位置，努力使品牌成为某个类别或某种特性的代表品牌。这样当消费者产生相关需求时，便会将该品牌视为首选对象。

差异化是指企业努力发展差异性较大的产品系列和营销项目，努力树立起企业的独特形象，以成为同行业中的领先者，以此获得产业中的竞争优势。

在这三点之中，定位是很关键的一环，营销定位需要解决三个问题：满足谁的需要？满足什么样的需要？怎样满足这些需要？这可以归纳为三步定位法。

第一步，找位，也就是解决"满足谁的需要"这一问题。这相当于对目标市场的聚焦。

在市场分化的今天，任何一家公司和任何一种产品的目标顾客都不可能是所有的人，同时也不是每位顾客都能给他带来正价值。事实上，有一部分企业的营销成本并没有花在能带来最大价值的顾客身上，大量的资金和人力被浪费了。因此，企业有必要对顾客进行甄别，理清楚到底为谁服务、要满足谁的需要这样一个大问题。

第二步，定位，也就是解决"满足什么样的需要"这一问题。

产品定位过程是细分目标市场并进行子市场选择的过程。这里的细分目标市场与选择目标市场之前的细分市场不同，后者是细分整体市场，选择目标市场的过程；前者是对选择后的目标市场进行细分，再选择一个或几个目标子市场的过程。

对目标市场的再细分，不是根据产品的类别进行，也不是根据顾客的表面特性来进行，而是根据顾客的价值来细分。顾客在购买产品时，总是为了满足自己某方面的需求，获取某种产品的价值。产品价值组合是由产品功能组合实现的，不同的顾客对产品有着不同的价值诉求，这就要求企业搞清楚自己应该"满足什么样的需要"，进而提供不同诉求的产品。

第三步：到位，也就是解决"怎样满足需要"这一问题，执行并落实既定定位的过程，差异化则是其中一个有效的手段。

在确定满足目标顾客的需要之后，企业需要设计一个营销组合方案并实施这个方案，将定位落实到位。这不仅仅是品牌推广的过程，也是产品价格、渠道策略和沟通策略有机组合的过程。整个营销过程就是一个找位、定位再到位的过程。

我们可以先来看一看美国西南航空公司的案例。

西南航空公司将自己牢牢定位为提供短程、低价航空服务的公司，它的口号就是"不奢华，但却廉价而有趣"。西南航空堪称高效低成本经营的典型。

例如，乘坐西南航空公司的班机是没有正餐提供的，只有花生。所有飞机上都没有头等舱，只有三人座。乘客不用预订座位，只需拿着登机卡，先到先得，每30个人一起登机。西南航空公司与其他航空公司相比，能达到更高的准点率。西南航空公司以短程航班为主，它吸引的是本来要开车或者坐公共汽车的旅客。比方说，该公司推出的路易斯维尔至芝加哥的航线，单程机票只要49美元，而竞争对手的价格是250美元。结果，两个城市间航空旅客每周总运输量从8000人次增加到了26000人次。西南航空公司的航班飞行时间一般为一小时左右，单程平均费用也只花费顾客76美元。

西南航空严格控制成本，砍掉不必要的服务，但这并不意味着西南航空的服务单调乏味，相反，乘客们在短短的旅途中还能享受到不少乐趣。西南航空公司会精心带给乘客大量好玩的、健康的娱乐。比方说，空乘人员会把自己装扮成爱尔兰守护神节的精灵和复活节的兔子，而在万圣节就几乎什么都有。空姐把安全事项用好玩的形式表演出来，有乡村音乐、布鲁斯和说唱音乐，让旅客互相做自我介绍，相互认识并交谈。他们用这些方法给旅客带来惊喜和娱乐，就连公司首席执行官都曾经化妆成猫王和顾客打招呼。

这家公司不仅给自己立下了准确的定位，更实实在在地做到了"廉价而有趣"，这使得西南航空获得了极高的口碑与赞赏，也助其战胜主要竞争对手，成为美国名列前茅的航空公司。

西南航空作为后起之秀，能从群雄逐鹿之中胜出，在很大程度上就得益于其准确的定位和出色的执行。短途的航线、低廉的价格、优质的服务，自然能够吸引顾客、留住顾客。

不同的消费者在不同情况下需求也各不相同，企业需要认清自己的定位，明确到底要满足谁的需要、满足什么样的需要以及怎样满足这些需要。只有定位清晰了，企业才能在竞争中立于不败之地。

定位的目标在于将品牌留在消费者心中

> 定位是指设计公司的产品和形象以在目标市场的消费群体心中占据一个独特位置。目标是要将品牌留在消费者的心中，以实现公司的潜在利益最大化。一个好的品牌定位能够通过阐明品牌精髓、该品牌能帮助消费者达成何种目标以及如何以独特的方法来实现，来帮助指导营销战略。
>
> ——科特勒《市场营销原理》

定位的终极目标就是要将品牌留在消费者心中，占有消费者心智资源，在消费者心智中完成"注册"。

比方说，提起耐克，人们想到的是"Just do it"；提起高露洁，人们想到的是"没有蛀牙";提起宝马,人们想到的是"驾乘乐趣,创新极限";提起 M & M'S 巧克力,人们想到的是"不溶在手,只溶在口"……这些品牌通过定位在消费者心中占据了一席之地,所以它们成功了。国内的众多品牌中,也有一些得益于精准的定位,而确立了自己在市场中的地位和根基,加多宝王老吉就是一个很好的例子。虽然,2012 年以来,加多宝王老吉深陷于品牌之争当中,最终失去了这一商标的继续使用权,但其过去的经验仍然是非常值得借鉴的。

2002 年以前,红色罐装王老吉是一个表现很不错的品牌,在广东销量稳定,盈利状况良好,销售业绩连续几年维持在 1 亿多元。发展到这个规模后,加多宝管理层自然想要把企业做大,走向全国。

然而,想要做大做强的王老吉,却不得不面临一个现实的定位难题——王老吉到底是当"凉茶"卖,还是当"饮料"卖?

在广东,传统凉茶因下火功效显著,被普遍当成"药"服用,不需要也不能经常饮用。而"王老吉"这个具有上百年历史的品牌就是凉茶的代称。因此,王老吉受品牌名所累,并不能很顺利地让广东人接受它作为一种可以经常饮用的饮料,销量大大受限。

另一方面,加多宝生产的王老吉配方源自香港王氏后人,是经国家审核批准的食字号产品,其气味、颜色、包装都与广东消费者观念中的传统凉茶有很大区别,而且口感偏甜,"降火"药力不足。红罐王老吉拥有凉茶始祖王老吉的品牌,却长着一副饮料化的面孔,让消费者觉得"它好像是凉茶,又好像是饮料",陷入认知混乱之中。

2002 年年底,加多宝请来专业的营销顾问公司,开始对红罐王老吉进行新的品牌定位。营销顾问公司发现，广东的消费者饮用王老吉主要在烧烤、登山等场合，对王老吉并无"治疗"要求，而是作为功能饮料购买，购买的真实动机是"预防上火"。

再进一步研究王老吉的直接竞争对手，如菊花茶、清凉茶等，由于缺乏品牌推广，仅仅是低价渗透市场，并未占据"预防上火的饮料"的定位。而可乐、茶饮料、果汁饮料、水等明显不具备"预防上火"的功能，仅仅是间接竞争。而王老吉的"凉茶始祖"身份、神秘中草药配方、175年的历史等，显然是有能力牢牢占据"预防上火的饮料"这一定位。

在研究一个多月后，王老吉的品牌定位基本形成：首先明确王老吉是在"饮料"行业中竞争，竞争对手应是其他饮料；其品牌定位是——"预防上火的饮料"，独特的价值在于——喝王老吉能预防上火，让消费者无忧地尽情享受生活：吃煎炸、香辣美食，烧烤，通宵达旦看足球……

确立了王老吉的品牌定位，就明确了营销推广的方向，所有的营销努力都将遵循这一标准，从而确保每一次的推广都对品牌价值进行积累。从此，王老吉连续几年保持高速增长，2008年销量突破100亿元大关，成为"中国饮料第一罐"。

真正的品牌定位是找到在消费者心智中区别于竞争对手的定位，而不是盲目跟风。企业必须通过定位给消费者一个理由，一个为什么要购买企业的产品而不是竞争对手产品的令人信服的理由。

定位要求定义和传达品牌之间的相似点和差异点

定位要求定义和传达品牌之间的相似点和差异点。特别是定位的决策要求通过识别目标市场和竞争状况，以及共同理想点和差异点的品牌联想来确定参考框架。

——科特勒《营销管理》

科特勒指出，定位要定义和传达出品牌之间的相似点与差异点。相似点是指那些并非品牌所独有，而是与其他品牌共享的一些属性。而差异点则是指能够把自己与竞争对手的产品区分开来的属性与利益点。

要准确地定义并传达品牌之间的相似点和差异点，营销者应该首先问一问自己这样三个问题：

第一，企业是否确定了一个品牌参照系。

品牌参照系简单地说就是要明确品牌处于一个什么样的参照系之中。选择合适的参照系具有重大意义，因为参照系决定了消费者将会对品牌产生哪些联想，而这些联想就构成了品牌的相似点和差异点。参照系可能是同一类产品中的其他品牌，例如，百事可乐的竞争对手是可口可乐。还有的情况下，参照系可能来自于不同的产品类别，例如，百事可乐、脉动、冰红茶分别属于软饮料、运动型饮料和冰茶，但它们都在解渴饮料这同一个参照系内。

要确定品牌处于一个什么样的参照系中，需要重点考虑的一个因素是产品在生命周期中所处的阶段。如果是一种新推出来的产品，那么，它通常会把竞争产品选为参照系，以便让消费者迅速了解产品是什么、能做什么；而越到产品生命周期的后期，新的增长机会和威胁就会出现在该产品类别之外，这时候，就有必要调整参照系了。

第二，企业是否充分利用了相似点。

如果想要让消费者认为企业的产品在某个品牌参照系内是合理的，并且值得信任，那么，该产品必须与参照系内的其他同类产品具有一些相似点。打个比方说，如果你的产品是洗衣粉，可是却不能对衣物产生任何的清洗效果，那么，消费者不会把你的产品当洗衣粉；如果一家餐馆不能提供饭菜食物，那么，它也就不能被归入餐馆这一类中。只有具备了某些基本的相似点，消费者才会对企业的产品有一个基本的、初步的认可。

第三，企业是否构建起了具有强大效力的差异点。

品牌定位必须构建起强有效的差异点，这样才能将品牌与同一个参照系里的其他品牌区别开来。这种差异可以从品牌性能上、品牌形象上以及消费者洞察上去寻找切入点。让顾客看到产品的不一样，并且让顾客感觉到这种不一样对他们而言是极为有利、有用的，这种强烈、独特又能给顾客以良好联想的差异，才是产品真正吸引顾客的地方。

以手机产业为例，有两个品牌很值得一提，一个是OPPO手机，它以宋慧乔为形象代言人，打出了"音乐手机"的鲜明旗帜，仅用三四年时间就坐上了国产品牌的第一把交椅。另一个则是小米手机，它的定位是最优性能的平价智能手机，瞄准的是伴随互联网成长的发烧友、理性消费的中低收入年轻白领，售价仅1999元，却是业内首款双核15GHz的智能手机，当得起"国产神机""性价比之王"的称号。这两个品牌凭借准确的定位与差异点塑造在竞争惨烈的国内外手机品牌搏杀中突出重围，收获了极高的人气和利润。

第六章
超竞争时代：比竞争者做得更好一点

第一节　识别、分析、选准自己的竞争对手

识别竞争者：从产业和市场出发，克服"近视症"

> 相比于将竞争定义局限于产品类别的做法，从产业和市场的角度去研究竞争能揭示更广泛的实际和潜在的竞争者群体。营销人员必须克服"营销近视症"，不能再用传统的产品类别来定义竞争。
>
> ——科特勒《营销管理》

科特勒认为，营销人员应该从产业和市场两个角度来研究竞争。产业是由一群可以提供同一产品或同一类别产品的公司所组成，这些产品之间有着极强的替代关系。营销人员可以根据销售者的数量，产品差异化的程度，进入壁垒、流动性以及退出壁垒的有无，成本结构，垂直整合的程度以及全球化程度来对产业进行分类。

而从市场角度出发，竞争者可以定义为满足相同的顾客需求的公司。给公司以直接威胁的竞争者是那些满足同样的顾客及其需求并提供类似产品的公司。但公司更应该重视的是那些采用其他方法或新方法来满足同种需求的潜在竞争者。因为很多公司都会患上"营销近视症"，它们只关注同行业显现的竞争者，而忽视了隐蔽的竞争者，从而造成竞争失败。如果公司忽视了这些潜在

的竞争对手，那么当他们的实力足够壮大的时候，将会给公司带来致命的威胁。

例如，可口可乐公司曾经因为专注于软饮料，而放松了对咖啡吧、新鲜果汁吧市场的关注，最终使得其软饮料业务受到重大的冲击。还有，像新媒体对传统电视媒体、数字出版对传统纸质出版，都是一种潜在的威胁，甚至已经升级为明显的、直接的威胁。如果你制造玻璃瓶，那么那些生产塑料瓶、铝罐和纸板盒的制造商都可能是你的竞争对手。要识别来自行业之外的潜在入侵者，企业需要搞清楚什么资源是在自己的细分市场内获胜的基础，以及在所处的细分市场和行业之外，有哪些企业拥有的资源无论是在类型还是在数量上都符合这一要求。

从不同角度出发，我们可以对竞争者进行分类。

如果从行业的角度来看，企业的竞争者可以分为：

一是现有的竞争者，也就是行业内已经存在的与本企业生产同样产品或者从事同类业务的企业；

二是潜在进入者，只要一个行业前景乐观、有利可图，就会引来新的竞争企业，使该行业的市场份额和主要资源进行重新洗牌和分配。还有一些多元化经营的大型企业也常会利用其资源优势从一个行业侵入另一个行业。

三是替代性的竞争者：与某种产品具有相同功能、能满足同一需求的不同性质的其他产品，就属替代品。只要有替代品出现，行业内的所有企业都将面临与生产替代品的其他行业的企业的竞争。

如果从市场的角度来看，企业的竞争者可以分为：

一是品牌竞争者，也就是同一行业中以相似的价格向相同顾客群体提供类似产品或服务的其他企业。比方说，个人电脑市场中，惠普、戴尔、联想、华硕、明基、宏基等就互为品牌竞争者。品牌竞争者之间的产品相互替代性较高，因而竞争非常激烈，各企业均以培养顾客品牌忠诚度作为争夺顾客的重要手段。

二是行业竞争者，也就是提供同种或同类产品，但规格、型号、款式不同的企业。所有同行业的企业之间存在着彼此争夺市场的竞争关系。如迪奥、兰蔻、雅诗兰黛、倩碧、雅芳、玉兰油、丁家宜等品牌，虽然定位的层次不一样，但却是行业竞争者的关系。

三是需要竞争者，是指提供不同种类的产品，但满足和实现消费者同种需要的企业。举个最简单的例子，长途客车、火车、飞机、船舶都能满足人们出行的需要，如果火车票票价上涨，或者难以购得时，利用飞机、长途客车出行的旅客就可能增加，它们之间就是需要竞争者的关系。

四是消费竞争者，指提供不同产品，满足消费者的不同愿望，但目标消费者相同的企业。比方说，一些高收入群体，他们既可以花钱旅游，也可以投资，还可以购车购房等等，虽然目的不一样，但必然会激发不同企业相互争夺这些消费者购买力的竞争关系。

如果从企业所处的竞争地位来看，竞争者的类型可以分为：

一是市场领导者，也就是在某行业中占据第一位的企业。这类企业在产品开发、价格变动、分销渠道、促销力量等方面往往处于主宰地位。

二是市场挑战者，它们在行业中处于第二、第三甚至更低的次要地位。

三是市场追随者，它们在行业中居于次要地位，并安于次要地位，在战略上追随市场领导者。

四是市场补缺者，它们多是行业中相对较弱小的一些中、小企业，专注于市场上被大企业忽略的某些细小部分，在这些小市场上通过专业化经营来获取最大限度的收益，在大企业的夹缝中求得生存和发展。

总的来说，企业要克服"营销近视症"，不能轻易放过任何一个可能的竞争者，要从不同的角度识别自己的竞争对手，关注竞争形势的变化，以更好地适应和赢得竞争。

分析竞争者：每一个细节都不要放过

> 如果要准备一个有效的营销战略，除了要了解实际和潜在的顾客外，公司还必须了解自己的竞争者。公司一旦识别了其主要竞争者，那么它就必须查明这些竞争者的目标、战略、优势和劣势。
>
> ——科特勒《营销管理》

分析竞争对手，这是营销中的一个关键性环节，也是公司能否在竞争中制胜的一个很重要的影响因素。科特勒认为，公司在确定了自己的主要竞争者后，要对其做全面的了解和深入的分析，尤其是下面这三点，更是要认真地做出研究判断：

第一，竞争者的目标。

了解竞争者的目标，可以帮助公司更好地判断并预测竞争者的战略以及对外部事件或者对其他公司的战略举动可能做出的应对。

竞争者的目标会受许多因素影响，例如公司规模、发展历程、管理现况、财务状况等。竞争者的目标是追求成长、利润还是现金流？这些都需要公司去摸底探清。公司特别要监测并关注竞争者的扩张计划。

第二，竞争者的战略。

竞争者会采取什么样的战略与策略来实现其营销目标，会以什么样的方式应对竞争，这些都是很关键的情报信息。只有尽可能多地掌握这类信息，公司才能做更全面的准备与规划，防备竞争者，在竞争中获得更主动、更强势的优势。

第三，竞争者的优势和劣势。

竞争者的优势和劣势将决定它发起或应对战略行动的能力以及处理所处市场环境中事件的能力。公司要对此进行实事求是的评估，既不高估而怯战，也不低估而轻敌。除了优势和劣势，公司还要监测竞争者的市场份额，这不仅仅包括竞争对手在目标市场中所占的实际份额，还应包括竞争对手在消费者群体之中所占据的心智份额、情感份额。

对于竞争对手，是对抗他，超越他，还是学习他？这是公司能否在市场之中站稳脚跟必须做出的选择。要想战胜竞争对手，要想生存发展，一个重要的手段或者说一个重要的课题就是尽可能多地去了解竞争者。

比尔·盖茨曾说："一个好员工应分析公司竞争对手的可借鉴之处，并注意总结，避免重犯竞争对手的错误。"微软有一个团队，专门分析竞争对手的情况，包括什么时间推出什么产品，产品的特色是什么，有什么市场策略，市场的表现如何，有什么优势、什么劣势，等等。微软的高层每年都要开一个会，请这些分析人员来讲竞争对手的情况。微软这样做的目的就是为了更接近竞争者，知己知彼，百战不殆。

阿瑟·D.理特咨询公司曾经对一家企业在目标市场中所处的竞争地位做了这样的划分：

主导地位。行业中占主导地位的企业支配着其他竞争对手的行为，并且在策略选择上有着广泛的余地。

得势地位。属于得势地位的企业可以独立运作，并且不会危及本企业的长期市场地位，无论竞争者如何行动，它们都能保持自己的长期地位。

有利地位。这类企业有力量执行特定的策略，并且拥有较多的机会来改善其市场地位。

足以维持。这类企业自身经营得当，足以维持营业。但它们的存在是在那些占有优势地位的企业默认许可下的，改善其自身市场地位的机会较少。

弱势地位。这类企业的经营状况不佳，但仍不乏改善的机会，它们必须进行革新，否则将被迫退出市场。

难以维持。这类企业经营状况极差，难以维持正常运营，而且没有转机。

居于主导地位的企业不能因为自身所占据的优势、强势地位就放松对身后追赶者的监控。而居于主导者之后的其他企业更要高度关注身边的竞争者，既要看到前面的领先者，也要看到身边的同行者，同时还要提防那些力量暂时不够强大的企业。

商场如战场，任何一个战场上都缺不了斥候。营销人员对企业而言，就是身在一线的斥候，必须要像侦察兵一样，去刺探、了解、分析自己的竞争对手，了解同行的经营目标、产品开发、市场营销、人才战略等情况，了解竞争对手的战略和目标、优势和劣势，这样才能提出相应的应对策略与对手周旋、竞争，使自己的企业不被对手蚕食、吞并、打垮，并确立行之有效的竞争战略和营销策略。

选择竞争者：强与弱，近与远，良与恶

在对顾客价值和竞争者进行细致全面的分析之后，企业就可以全力出击，对付下列类型的竞争者：强与弱，近与远，"良性"与"恶性"。

——科特勒《营销管理》

科特勒认为，任何一个企业，它要面对的竞争者很多，规模与实力都不一样。企业要从中去判断哪些竞争对手是对自己最具有威胁力的。科特勒提出了三种竞争对手的类型：

一是强与弱。很多企业将目标瞄准弱小的竞争者，通过与它们的竞争来稳固自己的市场地位，由于强弱悬殊，因此每获得单位市场份额只需要较少的资源投入。但企业更要警惕在行业内占据较大市场份额的强大的竞争对手，即使是行业内的强者，也会有其软肋，并非像表面上看起来那样的不可战胜。

二是近与远。近距离的竞争者是指与本企业在业务上有直接竞争关系的企业，例如，对雪佛兰来说，福特要比法拉利更有威胁力，福特就是近距离的竞争者。在此同时，企业也应识别远距离的竞争对手，比方说对于美国钢铁公司，贝特勒海姆钢铁公司可以说是它的近距离竞争者，而令它更担心的是生产塑料、铝等产品的远距离的生产者。

三是"良性"与"恶性"。几乎在每一个行业中,都会有"良性"与"恶性"竞争者之分。"良性"企业按照行业规则行事,并根据成本来制定合理的价格,它们促进了行业的健康成长。而"恶性"竞争者则喜欢走捷径,通过价格混战、渠道混战以及对其他企业的产品或策略进行恶性打压或排挤来抢夺市场份额,它们本身就有很大的风险性,很容易破坏行业内的平衡状态,搅乱整个行业秩序。对于严重威胁市场竞争的"恶性"对手,企业有必要给之以打击,甚至是淘汰它们。

在选择竞争对手时,企业既要将竞争能力构成因素逐项与竞争对手相比较,也要拿产品的主要特性和竞争对手的产品进行比较分析。这样,才能全面地明确本企业产品的优势和劣势,为制定市场竞争战略提供具体依据。

在考察对手的综合竞争能力时,有很多要点是不能疏忽的,比方说市场占有率、销售人员数量及其配置情况、销售渠道、销售服务体系、制造成本、产品价格、产品质量、研发能力、品种齐备性、广告宣传能力、综合收益能力等等。

企业可以就这些指标与竞争者进行一一对比,这样,可以很清晰地发现企业相对于竞争者优势何在,劣势何在。对比之下,企业也可以更加理性地找准自己的竞争对手。

不管竞争对手是强与弱,近与远,还是良与恶,企业都应有一个良好的竞争心态。生物界有一个共识,那就是没有天敌的动物多半会灭绝,而敌人越强大,其进化速度则越快,适应能力也更强。动物世界如此,商业世界更是如此。现在的商业竞争已经进入了一个竞合时代。竞合时代与竞争时代相比,前者最大的特点是在竞争中实现双赢,实现强强联合,取长补短,通过规模优势加强整体的竞争实力。

比方说宝马和奔驰，我们可以看到，奔驰的每一个车系其实都能在宝马的阵营中找到影子，但又绝非仿造雷同。宝马与奔驰在相互学习的过程中保持了自己惯有的风格。可以说，它们共同拱卫着豪华车的领地，抵御第三者的入侵，可以说是"两夫当关，万夫莫开"。在它们的竞争过程中，没有价格战的硝烟，而是各凭竞争优势寻求差异化的品牌策略，构建起了良性的竞争环境。所以，尽管这二者的市场定位和目标客户群高度重合，但它们却没有生产过任何一款同质化产品。"开宝马，坐奔驰"，前者强调驾驭乐趣，后者强调乘坐舒适，这已经成了消费者心目中对这两个品牌鲜明的品牌印象。

通过竞合组成攻守同盟的不光是宝马与奔驰，像麦当劳与肯德基，可口可乐与百事可乐、宝洁与联合利华、阿迪达斯与耐克、中国移动与中国联通……它们既是敌人，却更是领导行业并驾齐驱的两架马车。它们通过彼此间的竞合，使得市场容量大增，使得行业进步，更实现了各自的扩张与增长。

没有永恒的敌人，只有永恒的利益。竞争者既是如芒在背的威胁者，也是最好的磨刀石，企业要理性睿智地选择竞争者。对手就是镜子，可以让企业清楚地认识自己的优劣势，有了参照物，才会更加清醒，更加勤奋。

企业要取得成功，必须构建核心竞争力

从传统的意义上讲，企业往往拥有和控制着企业在某一个领域中展开经营活动所需要的大部分资源——人力、原材料、机器、信息和能源，但是，现

在情况已经发生了变化。目前，只要有可能，许多企业都是从外部来获得质量更好或成本更低的非核心资源。此时，关键是掌握和培育企业开展经营活动所必需的核心资源和能力。

——科特勒《营销管理》

科特勒所说的核心能力是指能为企业进入目标市场提供潜在机会的能力，是能借助最终产品为目标顾客利益做出重大贡献的、不易为竞争对手所模仿的能力。从这句话中，可以看出，核心能力应该具有这样三个典型特征：第一，它是竞争优势的源泉，并能够对顾客感知利益做出重大贡献；第二，在市场上具有广泛的应用性；第三，竞争者很难模仿。

在科特勒看来，企业生存发展的关键是掌握和培育出核心的资源和能力，而其他非核心的资源完全可以从外部获取。最鲜明的例子就是耐克，它自己并不生产鞋子，但是标有耐克标志的鞋子却享誉世界，这正是因为耐克在鞋的设计和营销方面培育出了强大的核心能力与优势，至于鞋子的生产，它完全可以交给那些生产能力强、制造成本低的厂商。

核心竞争力是一种能力，而不是一个产品，更不是产品的一种属性。企业核心竞争力是企业的生命线，是企业运行、发展的动力源，是企业战略的核心部分。这种核心竞争能力的打造不是一蹴而就的事情。一个企业要取得成功，就必须为顾客提供比竞争者更高的价值和满意度。所以，企业不能仅仅适应目标消费者的需求，还必须通过在消费者心目中建立比竞争对手更强势的定位来获得战略优势。

美国学者弗雷德·克劳福德和瑞安·马修斯，通过对世界知名的公司进行研究，总结出这些企业成功的共同特征：产品稳定、价格诚实、购买便利、独特体验和服务践诺。这基本上与营销的4P要素相吻合。更令人惊奇的是，调查结果显示：最出色的公司也只是在五个属性中的某一个属性方面有绝对优势，在另一个属性上保持领先，而在其他三个属性上保持平均水平。

换句话说，每一家公司都面临着选择：把哪些属性做得最出色，把哪些属性做得优秀，而把哪些做成平均水平。这是一个取舍的过程，也是营销定位的过程。营销定位成功的例子比比皆是，像戴尔电脑成功于直销优势，星巴克成功于独特体验，沃尔玛成功于价廉物美，而它们的产品并非与别人有多大的不同。企业构建自己的核心竞争优势可通过以下三大步骤来完成：

第一，识别可能的竞争优势。消费者所选择的总是那些能给他们带来最大价值的产品和服务。因此，赢得和保持顾客的关键是比竞争对手更好地了解顾客的需要和购买过程，以及向他们提供更多的价值。通过提供比竞争对手低的价格，或者提供更好的质量和服务，企业需要找到机会使自己的营销区别于其他企业，从而赢得竞争优势。企业一般从产品差异、服务差异、人员差异和形象差异等方面进行区别。

第二，选择合适的竞争优势。对企业而言，并不是所有的品牌差异都是有意义或有价值的，也不是每一种差异都能成为很好的区别因素。每一种差异都有可能在给顾客带去利益的同时增加企业的成本。因此，企业必须仔细地挑选区别于竞争对手的竞争优势。

比方说同仁堂，这个品牌最吸引人的地方就是它的秘方，它的生产技艺都是师傅徒弟手把手地教，一代一代地传，客观上限制了商品的大规模生产和被模仿,这对竞争对手就构建起了难以逾越的壁垒,让它们很难超越。除了同仁堂,像内联升的千层底儿鞋制作工艺、全聚德的烤鸭手艺、宫廷御厨的菜谱等,这些老字号都是靠着秘方与传承打造出了自身的核心竞争力。

第三,经营自身核心的竞争优势。企业确立了自己的核心竞争优势之后,更要用心经营,一方面,要将这种独特竞争优势准确地传播给潜在顾客,使顾客了解、知道、熟悉、认同、喜欢和偏爱本企业的市场定位,并在顾客心目中留下深刻印象;另一方面,要不断加强、巩固并提升这种核心竞争优势,防范竞争对手的追赶与超越。

现在各行各业竞争如此激烈,企业如果不能找到自己的优势与长处,不能形成自身核心竞争力,那是极其危险的。企业应对自身的优势和劣势有清醒的认识,从自身优势中去提炼并打造企业的核心竞争力。

第二节 十面埋伏,竞争无处不在

企业面临着五股竞争力量的威胁

> 企业面临着五股竞争力量的威胁,分别是:行业竞争者、潜在进入者、替代者、购买者以及供应商。
> ——科特勒《营销管理》

科特勒认为,无论在行业中处于何种地位的企业,都随时面临着竞争,这不仅仅指行业内其他企业的挑战与威胁,还有来自其他多个方面的竞争。在传统观念中，企业研究竞争环境时，往往只着眼于那些直接发生竞争的企业，但是在今天，竞争已经不仅仅是竞争对手之间的战斗，而更多地被看作顾客获取所需价值的各种可行途径之间的竞争。随着不同行业之间界限的模糊化，这一点也显得特别重要。

企业现在面临着五种竞争力量的威胁，它们是：

（1）同行业的直接竞争者。

在同一个行业当中，如果已经有了众多、强大或者竞争意识强烈的竞争者，那么该细分市场就会失去吸引力。如果该市场处于稳定期或者衰退期，而生产能力不断大幅度扩大，将导致固定成本过高，撤出市场的壁垒过高。

（2）供应商。

供应商有两个手段可以威胁到企业的发展，一是提高供应价格；二是降低供应产品或服务的质量，从而使下游行业利润下降。如果企业无法通过价格结构消化增长的成本，它的利润就会因为供应商的行为而降低。

（3）顾客的讨价还价能力分析。

企业追求的是更高的投资回报率，而顾客追求的是以最小的支出获得最好的产品和最优质的服务。为了减少支出或降低成本，顾客通常会讨价还价，寻求更好的产品、更多更好的服务以及更低的价格；同时，行业内企业之间的竞争，也会让买方坐收渔翁之利。

（4）替代品。

如果企业所服务的市场存在着替代品或潜在替代品，那么该市场的吸引力就会大大降低。替代品是指那些来自不同行业的产品或服务，这些产品或服务的功能与该行业的相同或相似。一般说来，如果顾客面临的转换成本很低甚至为零，或者当替代品的价格更低，或质量更好，性能相似于甚至超过竞争产品时，替代品的威胁会很强。

任何企业都应密切注意产品的价格趋向，如果在这些替代品行业中技术有所发展，或者竞争日趋激烈，就有可能导致该细分市场的价格和利润下降。在顾客认为具有价值的地方进行差异化，如价格、质量、服务、地点等，可以降低替代品的竞争力。

（5）潜在进入者。

潜在进入者是指那些可能加入这个行业，成为企业直接竞争对手的企业。当某一行业，尤其是新兴行业获得高额利润时，资本就会大量流入，不仅行业内现有的企业会增加投资以提高生产能力，而且行业外的企业也会被吸引到该行业进行投资。例如，在房地产如火如荼的时候，受到高利润的吸引，很多有一定资本实力的企业纷纷涌入，试图从这个市场分一勺羹。

可见，企业除了要防范行业内的直接竞争者，还要对其他四股竞争力量提高警惕，这五种竞争力量对企业都有一定的威胁力，对其中的任何一个，企业都不能掉以轻心。

行业竞争者：细分市场的容量是有限的

> 如果一个细分市场已经有大量强大的激进的竞争者存在，那么它不会有吸引力。如果该细分市场已经稳定甚至衰退，工厂生产能力不足，固定成本和退出壁垒高，或者竞争者在细分市场中投资很大的话，那么这个市场更不具有吸引力。
>
> ——科特勒《营销管理》

科特勒认为,一个细分市场的容量是有限的,如果有太多的企业争夺这一片市场,就很可能导致惨烈的价格战、广告战、渠道战等,使得参与竞争的代价很高。像手机市场就是由于细分市场的竞争关系导致竞争异常激烈。

很多人都听过这样一个故事:

一天,一个犹太人来到小镇上。他发现这个小镇很有潜力,所以投资开了个加油站。过了一段时间,第二个犹太人也来了,发现加油站生意很不错,人气越来越旺了,所以投资开了个餐馆。又是一段时间,第三个犹太人来了,开了个酒店,第四个、第五个……不久之后,小镇就成了一个经济繁荣的小镇。

而有些国家的人发现一个有潜力的镇子会怎么做呢?当第一个人投资开了加油站,获得不错的收益时,第二个人也会立马跟进,开一家新的加油站,第三个人来了,继续开第三家加油站,然后是第四个人、第五个人……

这个故事并不夸张,在很多行业里,我们都能看到这种同质化的竞争。很多公司做生意都喜欢一窝蜂,当看到某个行业某种生意能成功赚钱,那么,不出一两年,市场上绝对会有一批新的竞争者争相进入,引发恶性竞争。

放眼市场,我们很难找到一种没有竞争对手的行业,一条街上、一个社区里很容易就能找出三四家洗衣店,五六家便利商店,七八家美发店,十多家餐厅,二十几家小吃摊……没有一个行业没有竞争对手。

有句话说,同行是冤家,这句话从某种程度上来说确实反映了现实。要避免与较强的竞争对手相抗衡,企业需要采取一定的区隔策略,比方说,选择不同的区域市场,避开和主要竞争对手的面对面搏杀，这是市场区隔；选择不同的目标群体，这是对象区隔；在产品上实行差异化，针对不同对象提供不同产品，这是产品区隔……通过这些区隔策略，企业可以为自己留出一块相对而言较稳定、竞争不那么激烈的市场空间。

面对强大的同行业竞争对手，竞争是残酷的，如果势不两立，必定两败俱伤，最好的办法是谋求共赢。共赢有利于自身的发展，只有竞争才会有进步。竞争还有利于行业的发展，一木难以成林，当一个行业有良性竞争时，相关品种会增多，产品的结构也会丰富，这样能推动整个行业的进步，提高整体产销量。与竞争对手合作也有利于产业链的共同发展，一个产品成熟了，相关的配件配套设施会更完善，更有利于企业的发展。此外，同行联手能够共同抵抗外来产品的入侵，提高整体抵抗力。

对于行业内领先型的竞争者，学习它们的成功模式可以减少市场风险，也可以让企业少走很多弯路。如果能够模拟出竞争者成功的根本模式，并结合企业实际加以运用，可以避免很多最初阶段很难逃过的风险。

对于行业内的一些搅乱正常市场竞争的对手，企业应更警惕。市场竞争就是大鱼吃小鱼，但几乎在每一个市场，都会有一些小鱼小虾，它们图的不是长远的发展，而是一时之利，为了获得利润和市场份额，它们可以置市场规则于不顾，采取无所不用其极的手段，比如一味地挑动价格战，或者生产假冒伪劣产品，等等，这种非正常的竞争会破坏整个行业的内在结构与外在形象。企业对这一类型的对手，应该联合行业内的其他企业，强势压制住或者清理掉它们。

总之，竞争是无处不在的，要想在竞争中胜出，企业要有打持久战的准备。同时,也不应该把竞争对手视为敌人,没有竞争就没有市场,没有市场便无法生存。理智分析对手,寻求共赢,谋求差异化之路,这样企业才能在竞争中活得更好。

潜在进入者:有利润,就会有跟风

> 所谓潜在进入者,可能是一个新办的企业,也可能是一个采用多元化经营战略的原从事其他行业的企业,潜在进入者会带来新的生产能力,并要求取得一定的市场份额。潜在进入者对本行业的威胁取决于本行业的进入壁垒以及进入新行业后原有企业反应的强烈程度。
>
> ——科特勒《营销管理》

潜在进入者指的是暂时没有对企业构成威胁但是具有潜在威胁力的竞争对手。当某一行业发展较为迅速的时候,该行业便不可避免地会吸引更多竞争对手加入其中,有时候这种冲击甚至可以动摇整个行业。

潜在进入者会直接影响到行业的竞争强度和盈利性。具体而言,它们的存在会加剧行业对下游市场需求量的争夺和分流,同时也会加剧对上游资源的争夺和分流。潜在进入者对行业是利是弊,不能一概而论,而是与行业的发展周期有着密切的联系。

通常,当行业处于导入期时,随着潜在进入者的进入,行业生产量不断扩大,行业生产能力随之提高,单位产品生产成本会较快降低,行业盈利能力将提高。在这个时期,潜在进入者更多地起到培育市场的作用,能够推动行业的发展。

当行业处于成长期时，由于需求量增长迅速，潜在进入者一般会对需求进行细分分流，这从表面上看似乎不利于行业内竞争者，但由于需求量迅速增长，行业内现有生产能力可能并不能满足快速增长的需求，如果没有新的加入者，需求未被满足的消费者可能会寻求替代品，替代品行业的激活可能会颠覆对现有行业的需求，影响行业盈利能力。所以说，成长期进入的潜在竞争者对整个行业是有其积极意义的。

当行业进入成熟期时，需求量增长缓慢，竞争更加激烈，行业吸引力开始下降，潜在进入者通常不大可能选择进入。但成熟期虽然需求量增长缓慢，但需求总量很大，从现金流角度看，对某些潜在进入者仍是有吸引力的。

当行业处于衰退期时，需求量急剧萎缩，行业资本收益率下降，部分行业内的企业都会选择撤资退出，而潜在进入者如果要进入该行业，更是会慎之又慎。

在成熟期和衰退期，潜在进入者的威胁可能并未减小。少数实力很强的潜在进入者仍可能选择这个时机进入，并通过并购、重组等手段，以低廉价格得到相关资产，凭借自身优势对行业内企业形成很大冲击。

潜在竞争者是否会进入某个行业，主要取决于以下几大因素：

第一大因素是进入该行业的可能性，这主要取决于该行业的发展前景。如果该行业增长速度快，盈利潜力大，那么潜在竞争对手进入该行业的意愿就越强。但是，竞争对手能否顺利进入该行业还要看该行业的进入壁垒的强弱程度。

第二大因素是进入壁垒的强弱程度，进入壁垒是指新企业进入一个行业所必须负担的生产成本以及所面临的一系列不利因素和障碍，主要反映产业内现有企业和待进入该产业的潜在企业之间的竞争关系。新进入者在进入一个行业之前，必须评估自己是否有足够的实力应对目标市场中的种种风险和阻碍。

第三大因素是预期的报复，这指的是该行业的现有企业对于潜在进入者所持有的态度以及可能做出的反应。现有企业的反应越激烈，潜在进入者面临的阻力就越大。为了维护共同的利益，行业内现有的企业甚至会联合起来，一致对外，阻止新的进入者。

综合这些因素，潜在进入者进入某个行业需要做充分的调研和评估，谨慎决策。而行业内现有的企业则可以通过上面所述的各种方式，来提高行业的进入壁垒，从而防范并抑制新进入者。

替代者：比现有竞争对手更具威胁力

> 存在实际的或潜在的替代品的细分市场不具有吸引力。替代品对价格和利润设置了限制。在这些替代品行业中，如果技术进步或者竞争激烈了，那么价格和利润都可能下跌。
>
> ——科特勒《营销管理》

科特勒认为，竞争不仅仅包括所有的现实竞争对手、潜在竞争对手，还包括购买者可能考虑的替代产品。

比方说，如果一家汽车公司打算购买钢材来制造汽车，那么就可能有几个层次的竞争。这家公司可以从美国钢铁公司购买钢材，同时它也可从众多外国钢铁公司那里购买钢材，或者本着节省成本的目的从纽克公司那样的小型钢铁厂采购。除此之外，它还可以从阿尔钦公司购买铝，代替钢材来做相应的汽车零部件并减轻汽车重量，或者也可以从其他公司购买工程塑料。很显然，如果美国钢铁公司只将其他的钢铁公司视为自己的竞争对手的话，那就太过于狭隘了。事实上，从长远来说，未来对该公司造成最大冲击的，很可能就是那些生产替代产品的生产厂家，而不是那些行业内的其他钢铁企业。

同行竞争很好理解，但是即便是两个处于不同行业中的企业也可能会由于所生产的产品互为替代品而产生相互竞争行为，这种源自于替代品的竞争会以各种形式影响行业中现有企业的竞争战略。

首先，现有企业产品的售价以及获利潜力，会因为存在着能被用户方便接受的替代品而受到极大限制；其次，由于替代品的存在，使得现有企业必须提高产品质量，或者通过降低成本来降低售价，或者使其产品更具有特色，否则其销量与利润增长的目标就有可能受挫；再次，源自替代品生产者的竞争强度，受用户的转换成本高低的影响，如果转换成本足够低，那么用户可以自由地在企业产品与替代品之间选择，这样一来，替代品对企业产品的威胁就极大。总之，替代品价格越低、质量越好、用户转换成本越低，其所能产生的威胁力就越强。

替代者的隐蔽而又强大的竞争力，为企业参与竞争提供了另一种视角。企业如果跳出行业看行业，跳出产品看产品，就会发现，其实竞争分两种，一种是完全同类产品之间的竞争，是你死我活的竞争，一方要把另一方打压下去，以使自己生存下来，这种竞争充满了血腥之气。而另一种则显得比较温和，它是不同类产品间的替代，很多时候都是静悄悄地发生的，当替代者成功后，被替代的竞争对手眼看着品牌已经长大，往往束手无策。事实上，可口可乐当初也是运用了替代思维才把市场充分放大的。

20世纪80年代的时候，可口可乐就已经占据了美国软饮料市场35%的市场份额，当时几乎所有人都认为市场已经足够成熟，而百事可乐正奋起直追，对可口可乐造成了极大的冲击。很多证券分析家都快给可口可乐唱挽歌了，他们认为在这样一块如此饱和而竞争又如此激烈的市场，可口可乐不可能有更大的发展。

就在这时候，时任总裁的罗伯特·格祖塔提出了一个振聋发聩的见解——在"人们的肚子里"，可口可乐的份额是多少？他说："我不是说可口可乐在美国的可乐市场占有的份额，也不是说在全球的软饮料市场占有的份额，而是在世界上每个人都需要消费的液体饮料市场所占的份额！"他的话让大家都醒悟过来，在"人们的肚子里"，可口可乐的市场份额少到几乎可以忽略不计，自然就还有无限大的发展空间。

罗伯特·格祖塔给可口可乐带来了观念的革新，他认为，可口可乐的敌人不是百事可乐，而是咖啡、牛奶、茶、水等等。可乐行业巨大的市场空间超出任何人的想象，可口可乐拥有无可限量的市场前景，至此，可口可乐迎来了它历史上新的发展高峰。

在传统营销观念中，相同的产品构成同一的市场，在这个市场中，消费者是固定的，市场的容量也是固定的，你得到的多，那我得到的就必然少，因此竞争常常是针尖对麦芒，伤敌一千，自损八百。而在新的营销观念中，相同的需求构成同一的市场，企业可以通过不同的产品去满足同一种消费者需求。譬如，上网可以通过电脑，还可以通过手机，就看谁能为消费者创造更大的价值，更好地满足其需求。这样一来，企业的重心就集中到了满足消费者的需求上，在竞争中，注意力也会集中于消费者的满意度和忠诚度上，而不是单纯地关注竞争对手出了什么招，用了什么方法，这样更能形成一种健康的行业氛围。

第三节　市场领导者：第一不是那么好当的

一步领先不等于步步领先

> 虽然领先品牌在消费者心中具有独一无二的地位，但是除非该优势企业享有合法的垄断性，否则还是需要时时保持警惕。竞争对手可能紧接而来，危及领导者地位。要保持市场领先，领先者就必须寻求各种方法来扩大市场总需求、努力保护现有市场份额并尝试将其进一步提高。
> ——科特勒《营销管理》

科特勒曾经对企业在目标市场中所扮演的角色做了一个大致的划分，他认为，通常情况下，40%的市场份额掌握在市场领导者手中；30%由市场挑战者所掌握；20%在市场跟随者手中，他们不愿打破现状，只想保持现有的市场份额；而剩下的市场份额则掌握在市场利基者手中，他们专注于大企业无暇顾及的利基市场。

市场领导者通常在企业所处的目标市场中占有统治地位。这类企业往往占据相关产品最大的市场份额。许多行业都有一个被公认为市场领导者的企业，像微软、英特尔、宝洁、麦当劳等等，它们在各自的行业中就是居于领导者地位的。

市场领导者有这样的特点，它们在新产品开发、价格变动、分销渠道和促销力量等方面处于主导地位，其主导地位为同行业其他企业所公认；它们既是市场竞争的导向者，也是其他企业挑战、效仿或躲避的对象。市场领导者的地位是在竞争中自然形成的，但并不是固定不变的。除非占统治地位的公司享有合法的独占权利，否则它会时时受到威胁。处于市场领导者地位的企业必须时刻保持警惕，因为其他企业会不断向其优势发起挑战，或者企图抓住其弱点，另一方面，市场领导者还可能会因为其自身的庞大规模和组织结构的膨胀而变得臃肿、迟钝、不灵活。

市场领导者一定要有时时刻刻的警惕心，不能满足于当前的市场地位和市场份额，而应该有深重的危机感。

早在2000年，华为的销售额就突破了220亿元，利润达29亿元，居全国电子百强企业之首。当时业内的形势可以说是"一片大好"，"网络股"泡沫破灭的寒流还未侵袭中国，国内通信业增长速度保持在20%以上。可是就在这"形势大好"的时候，任正非发表了《华为的冬天》，预言"冬天"即将来临，并且呼吁华为全体员工要警惕潜藏的危机和失败。他这样说道："'沉舟侧畔千帆过，病树前头万木春'，网络股的暴跌，必将对两三年后的建设预期产生影响，那时制造业就惯性进入了收缩。眼前的繁荣是前几年网络大涨的惯性结果。记住一句话'物极必反'，这一场网络、设备供应的冬天，也会像它热得人们不理解那样，冷得出奇。没有预见，没有预防，就会冻死。那时，谁有棉衣，谁就能活下来。"

任正非发表《华为的冬天》后不到一年时间，整个电信行业就步入了严峻的"冬天"，由于中国电信分拆及产业重组，同时欧美电信市场迅速饱和致使国际光纤通讯产品大量涌入国内，使国内光纤通讯市场缩小许多,华为公司本打算传输产品销售额200亿元的计划落空,最后不得不缩减为80～90亿元。

在这个时候,人们不能不佩服任正非的预见性,"华为的冬天"背后隐藏着的含意确实发人深省。作为行业领先者,在顺风顺水的时候,能够对潜藏的风险和危机保持清醒的认识,这是难能可贵的。

行业领先者不仅要对大环境保持关注和警醒,同时也要提防紧随身后的竞争者,它们虽然目前在行业中的地位稍逊一等,但是,未必就没有后来者居上的可能。

科特勒曾说:"市场领导者就好像象群里最大的头象,它经常受到蜜蜂们的骚扰,其中一只最大最危险的蜜蜂紧紧地围绕着它,并不断发出嗡嗡的叫声。可口可乐必须经常提防百事可乐,索尼必须提防三星,丰田必须提防本田,柯达必须提防富士。"一步领先不等于步步领先,即便是实力强大的领导者,如果忽视了身后的追赶者,那么这些竞争者很可能危及甚至直接颠覆行业领导者的地位。

扩大总体市场,将市场蛋糕做大

> 当总体市场扩大时,市场领先者通常获利最多。市场领先者应该寻找更多的新顾客或者使现有顾客加大产品使用量。
> ——科特勒《市场营销原理》

科特勒指出,市场领导者要维护自己在行业内的地位和收益,需要采取的一个重要措施就是扩大总体市场。当市场这块整体蛋糕做大了，那么，作为领导者，当然会从中受益。举个简单的例子说，亨氏番茄酱是深受很多美国家庭喜爱的产品，如果美国人消费更多的番茄酱，那么，亨氏将会是其中最大的受益者，因为，它的销售量占到了全美番茄酱市场的三分之二。

要扩大总体市场，企业可以从两个方面入手：一是寻找更多的新顾客，二是使现有顾客加大产品使用量。另外，营销人员还可以通过识别新的使用机会，或者开辟更多的使用用途，加大产品使用量。

比方说，将产品与某些节日、节事或者一些特殊的时间、事件联系起来，在九九重阳节（又称老人节），商家就可以将这个节日与一些老年人需要的产品联系起来，促进这类产品的销售。

除此之外，公司还可以对产品加以改进，以开辟产品的新用途，比方说，吉百利史威士公司以口香糖产品著称，该公司在口香糖的基础上继续创新与拓展，开发出了能够美白健齿的营养保健品。

作为市场领导者，必须有一定高度的眼界和境界。扩大总体市场，需要的不仅仅是魄力，还有创新。在这一点上，不得不提柯达，尽管2012年百年柯达走到了悲情的破产边缘，但在早期，柯达的很多营销方略的确是值得学习的。

柯达曾推出"拍立得"相机，这种相机因为使用方便大受欢迎。当时柯达一共设计了8种机型，有一半的定价都在50美元以下，定价如此低，超乎人们预料。更出人意料的是，在柯达相机备受欢迎、销售量直线上升之际，柯达公司竟然宣布："柯达相机，人人都可以仿造。"为了保证全球各厂家仿造的质量，柯达将10年研究出来的技术图纸免费提供给同行。

起初大部分人都认为柯达疯了。然而，没过多久人们就明白过来了，原来，柯达早就考虑到随着照相机销量的增加，胶卷和冲印服务肯定会有更大的需求。于是，当同行竞相生产"拍立得"相机的时候，柯达已将重点放在了胶卷的生产和冲印上。果然，随着全球各照相机厂家开足马力生产，"拍立得"相机的销量增长了90倍，而柯达胶卷销量更是增长了300倍。这么多的柯达相机，每天都会"吃掉"大量胶卷，大量拍摄过的胶卷就必须进行冲印，于是柯达几乎垄断了全世界的冲印市场，获得了超凡的利润。

柯达在推广其"迷你型"相机时，也采取了同样方法，降低价格，使人人都买得起，结果柯达的胶卷、照相机以及相关器材的销量扶摇直上，尽管富士、樱花等企业不惜血本降价，但总敌不过柯达胶卷的销售量。

柯达的这种策略很高明，将相机的技术图纸免费提供给同行，看起来匪夷所思，可却扩大了相机的市场覆盖率，进而，奠定了柯达在胶卷和冲印市场的垄断地位，这种舍小局做大局的经营方式，实在是妙不可言。

处于市场领导者地位的企业，往往在行业内有着比较大的市场占有率，在产品价格变动、新产品开发、市场覆盖率的变化中及销售方式的选择等许多方面起着相对支配或者领先的作用。当一种产品的市场需求总量扩大，收益最大的往往是处于领导者地位的企业，所以促进产品总需求量不断增长、扩大整个市场容量是领导者企业维护竞争优势的积极措施。

保护市场份额，巩固领导地位

作为市场领先者，即使它不展开攻势，也必须谨防任何主要侧翼被攻击。企业必须清楚，哪些重点领域应不惜任何代价加以防守，哪些领域可以放弃。

——科特勒《市场营销原理》

科特勒指出，市场领先者的地位不是一劳永固的，在市场领导者企业面临的竞争对手中，总会有一个或几个实力雄厚者。市场领先者要防止和抵御其他企业的强攻，维护并扩大自己现有的市场占有率。

通常而言，对居于领先地位的企业，有两种有效竞争策略：一是进攻，即在降低成本、创新产品、增强薄弱环节方面主动出击；二是防御，即根据竞争的实际情况，在企业现有阵地周围建立不同防线，如构筑企业目前的市场和产品的防线。构筑不仅能防御企业目前的阵地，而且还能扩展到新的市场阵地，作为企业未来新的防御和进攻中心的防线等。防御战略的目的在于减少受到攻击的可能性，将攻击的目标引到威胁较小的领域，并设法减弱攻击的强度。

通过建立难以逾越的障碍，市场领先者可以让竞争者打消进入该细分市场的念头。阻止竞争对手进入的屏障可以分为两种类型，一种是稳定型的屏障，另一种则是移动式的屏障。

稳定型的屏障是防御者建立的防御要塞。任何企业要想进入市场，就必须攻克这个要塞。这些屏障可以建立在企业经营的任何领域，如市场营销、财务、会计、制造等。

移动式屏障指的是针对竞争者的行动与策略所展开的活动。比方说，阶段性地投放新产品，或者在有特定意义的时间点上进行大幅度的促销活动，等等。当产品升级后，能够更好地满足顾客需求并增加利润时，企业应主动更新在市场上销售的产品，而不能让竞争者以它的产品来替换你的产品。这样做是为了以不断创新来打击那些尚无法确认自己能否跟上竞争步伐的潜在入侵者。这些方法可弹性应对攻击，是一种可行的主动出击策略。要建立有效的移动式屏障，企业要对整个价值链进行评估，而不仅仅是产品核心，要探索可以打造出更大客户价值的创新之路，同时，还要确保这种创新是竞争对手难以模仿的，否则它就不能成为有效的屏障。

企业所构建的屏障既可以是有形的，也可以是无形的。比如，可口可乐就以有形的稳定型屏障阻止入侵。可口可乐公司采用果糖玉米甜味剂替代蔗糖，从原料上就节约了20%的成本。为了阻止竞争者跟随，可口可乐公司与果糖的供应商们签订了一个长期的采购合同，锁定了大部分的供应，这就给竞争者设置了很难突破的壁垒。

而无形的屏障，比方说，顾客忠诚就是一个很好的方法，如果行业领先者能够经营好客户，用心构建起牢不可破的顾客忠诚度，那么，这会成为阻止入侵的最坚固的无形壁垒。反之，如果没有这道屏障，即便企业领先很多，市场份额很大，但仍然很有可能被身后的追赶者所颠覆。

企业建立这种阻止入侵的屏障，第一步就是要设法制造入侵者的法律或技术困境，比方说专利、政府制定的行业准入标准与相关法律法规等等。第二步则是提高市场份额，市场规模扩大了，成本降低了，有了更好的市场形象，与供应商和零售商的关系进一步加强，企业的市场地位才能越稳固。比方说，在当初宝洁以汰渍进攻被联合利华旗下的奥妙品牌所牢牢控制的南欧市场时，因为联合利华在当地建立了强大的分销渠道，而使得宝洁历尽艰辛，才得以打开市场。

科特勒说，即便市场领先者不展开攻势，也必须做好防御，要明确哪些重点领域是绝对不能放松的，而哪些领域又是可以放弃的，巩固企业的长项，使之牢不可破，这样，领先者的地位才能更加稳固。

第七章 混沌常态下的管理和营销

第一节 新商业时代：混沌成为新常态

衰退和动荡永远是两面的双刃剑

> 衰退和动荡永远是两面的双刃剑。一方面是威胁，另一方面是机遇。有一些公司说动荡是一个机会，来增长我们的企业。而这些企业是受益于一些其他的公司无法增长，因为我们的这种平衡被打破，在打破之后对一些公司意味着机遇。
>
> ——2009年科特勒启动天阶计划的演讲

科特勒认为，现在的企业之所以要面对更多的动荡，有两个主要的因素，一是全球化越来越明显，对于公司来讲，它会得到从国外提供的供给，它们也向国外提供产品，贸易大，干预也多，尤其是对供应链而言。而这一点可能会伤害到一些公司。另一个则是数字化，在数字化时代里，信息传播是极快的，有好消息，也有坏消息，都是同样的快速。而结果是，每一家公司都在一个锅里面，都面临周围那么多注视的目光和耳朵。无论做的是好事还是坏事，都会快速地传到千里之外，这样一些糟糕的消息有可能会破坏公司的均衡，因此企业要保持敏感性，时刻关注周围的环境。

动荡给企业带来了两大影响。一是冲击，企业为此要做好防御；二是机遇，需要靠企业自身挖掘。危机对于大多数企业来说是"危"；但对少数企业来说，却是"机"。危机中，一个强大的企业能借机打败竞争对手，甚至能以极具优势的价格将对手吞并。一旦你的企业保留了关键成本，而你的竞争对手全都没这么做，那么你的机会就来了。

确实，对于某些公司而言，经济危机带来了发展的好机会。

在经济危机降临的2008年，当许多实体零售店和大卖场对消费额的大幅下降叫苦不迭时，亚马逊购物网站却对外宣称："2008年的假日销售是迄今为止最好的，销售订单增长了17%。"在其最畅销的产品中，不乏任天堂的游戏机、三星电子的52英寸液晶高清晰度电视机和苹果的iPod touch音乐播放机等高端消费品，摩根大通还将其股票评级由"中性"调升为"增持"。

这样的例子还有很多。借用巴菲特的一句投资箴言来说，就是"在别人贪婪的时候恐惧，在别人恐惧的时候贪婪"。在危险中发现机会，创造机会。"强者愈强，弱者愈弱"，在危机与动荡面前，有人叫苦不迭，有人却能沉稳应对，更有人借机扩张发展，上演了一场实实在在的优胜劣汰。

丁磊曾说："有危机，才能形成超越危机的商机。"危机，危机，危中有"机"，机会是你的，也是我的，归根到底是属于有准备的人的，能否抓住，就看谁准备更仔细、更有决断和更积极主动了。

成功让人麻痹，而混沌让人睁大双眼

成功是你的敌人，成功使得我们慢下来，因为一切都非常不错，只有当出现问题的时候，我们才真正睁大双眼。中国常说当暴风雨来临之时一些人忙于修葺城墙，但是一些人在建厂。建墙显然不能增加价值，但是把暴风雨通过能量建成风厂是明智的做法。因此在一个衰退当中是否有最好的策略，它取决于这个公司有怎样的实力和优势。

——2009年科特勒启动天阶计划的演讲

居安思危是提升企业持续发展的动力能源之一。现在，许多企业都处于成长期或平稳发展期，太平盛世最易让人放松警惕、懈怠不前，但市场是瞬息不变的。在变化中求生存、求发展的企业必然要求它的员工有积极创新的意识和开拓创新的能力。

从某种意义上来说，成功是企业的一种包袱，一个企业若是以行业老大自居，就会失去创业期的进取精神，丧失应有的危机感，故步自封。我们都知道"温水煮青蛙"的故事，由于很多企业，特别是在这个领域已经做到领导地位的企业，盈利和福利水平在行业中都是不错的，员工流失率比较低，只要不犯大错，基本就能安稳地工作下去。在这样一个大家都认为非常舒适的环境中，大多数人没有意识到危机的来临，一些本来不符合企业文化和核心价值观的现象在大家的舒适区中反而形成了主流文化和价值观。很多人都隐约意识到有不妥的地方，但是没有人真正想去改变，或者是做些什么来影响到最后的结果，因为竞争的残酷和个人的生存环境没有突然恶化到威胁自身利益的状况，所以满足于现状是最好、最安逸的选择，就跟在温水中的青蛙一模一样。

大到一个国家，小到一个组织、一个企业乃至个人，没有生存的危机感，自然会懈怠、轻敌，最终被残酷的现实淘汰。当企业在高处沾沾自喜的时候，竞争对手可能已经在做情报收集研究并详细分析，吸收经验并发展新技术，急速发展壮大。当企业察觉时才惊讶对方跟自己攀上行业同级别水平甚至更上一个新的台阶，那时候，一切都为时已晚！也许企业目前的发展确实顺风顺水，某些技术等优势高出其他同行竞争者，但是企业不能因此而忘乎所以，停止继续发展的步伐。

任正非在警示华为的员工时曾说："冬天已经不远了，我们在春天与夏天要念着冬天的问题。有些事情对别的公司来说不一定是冬天，而对我们的公司可能就是冬天，我们的冬天可能来得更冷、更冷一些。你有没有在春天和夏天就念着冬天的问题呢？有没有做好应对市场变化的准备呢？"

作为企业，绝对不能被暂时的繁荣所迷惑，也许繁荣的表面掩盖了许多我们不曾注意到的问题。同时，客观的自然规律表明，繁荣的背后就是萧条。然而危机的存在是必然的，而且来临时，是无声无息的。这就要求企业时刻保持高度的危机感与紧迫感，既报喜又报忧，变压力为动力，不断变革创新，不断提升猎食的技能，提高企业的效率，以便在日益激烈的竞争中立于不败之地。

"骄兵必败"这四个字已有无数案例故事作为验证参考和总结教训。因此，企业在保持自身竞争力优势的同时，更要着眼于广阔的市场环境，时刻保持居安思危的心态。一方面不断地审视自身所处的环境和关注收集竞争对手的发展情况，适当进行竞争情报调研；另一方面着眼于自身经营、管理、素质等内部情况以及外部环境关系的处理，防患于未然。

居安思危能让我们更冷静、清醒地面对现状，预测下一步的计划。同时，面对现实社会激烈的竞争现状，一旦懈怠，就意味着退步。只有企业整体保持对同类竞争与社会发展的高度敏感性，才不会降低企业的效率，使企业一直保持高效的运转，拥有旺盛的生命力。

企业存亡关键在于发现动荡、预期混沌和管理风险

> 现在以及将来，企业拥有和生产什么远远不及企业发现动荡、预期混沌以及管理风险的能力更为关键。
>
> ——科特勒《混沌时代的管理和营销》

动荡产生的速度快得惊人，使许多企业猝不及防，以至在动荡带来的混乱面前异常脆弱。进入这一新时代后企业会面临巨大的机会，但也会有重大的风险。虽然商业动荡不可避免，但是企业可以选择自己面对动荡的方式：它们可以航行于动荡之中，也可以陷入动荡的泥潭；它们可以忽视或抵抗动荡带来的混乱，同时设法坚持并生存下来；也可以先人一招，将动荡的力量为己所用。

事实证明，优秀的企业可以在经济动荡甚至长期衰退的恶劣市场环境中生存下来。而要在恶劣的市场环境中生存下来，很重要的一点就是企业要有一个抵御风险的预警系统。企业必须培养、制定能够快速发现并预测自身环境中动荡的技能、系统、程序和方法，并从随后出现的混沌中确定自身的缺陷和面临的机会。企业必须明智、慎重而坚定地进行应对。

马云曾说："嗅不到冬天味道的CEO不是合格的CEO。千万不能弄到形式不好的时候改革，下雨天你要修屋顶的时候一定麻烦

大了。所以阳光灿烂的时候借雨伞，修屋顶。我记得我们比别人先动了一下，果然，后来（2001年）互联网冬天到了，所有投资者开始收的时候，我们突然发现自己还有2000多万美金。你每一天做企业都是在做冬天。我坚信今天很残酷，明天更残酷，后天很美好，但是绝大部分死在明天晚上，没机会。"

马云不仅如此说，也真正地做到了这一点。无论阿里巴巴多么成功，在股市表现上如何风光，马云始终保持着强烈的危机意识，保持着对"冬天"的警醒。正是他对互联网大形势的精准判断和对危机的时刻提防，使得阿里巴巴一次次从"冬天"中熬了过来。

2000年，马云第一次预感到了"冬天"的到来，他说，当时听说中国一个星期诞生1000家互联网公司，他马上警觉起来，并宣布公司处于高度危机中。他认为，"中国不可能一个礼拜有1000家互联网公司诞生，如果这样的话，可能一个礼拜就有1000家互联网公司倒闭"。

在大多数企业尚未感受到"寒意"之时，马云已经开始采取行动应对即将来临的互联网"寒冬"。阿里巴巴及时刹住了扩张的脚步，开始大规模撤站裁员，办事处由原来的10个砍成3个，原来工号100以内的老员工裁掉了一半。马云这样形容当时的状况："2000年我们已经进入冬天了。我们把西部办事处关了，美国办事处很多人我们都请他们离开了，香港办事处很多人也离开了。2001年，有一次挺低沉的，在长安街上走了15分钟，那天下午回到房间里睡了2小时，然后起来说：重新来过！"

2001~2003年，在这漫长的"寒冬"里，马云带着阿里巴巴人开始大搞阿里企业文化、组织结构和人才培养建设，这三件大事被马云称为"延安整风运动""抗日军政大学""南泥湾开荒"。"延安整风运动"是指统一公司上下的价值观、统一思想，按马云的话说就是"通过运动，把没有共同价值观、没有共同使命感的人，统统开除出我们公司"。

"抗日军政大学"是指培训干部团队的管理能力。"南泥湾开荒"是指培养销售人员面对客户应有的观念、方法和技巧。马云说："普通企业想到的，可能是把能看到的客户口袋里的5块钱赚到手，而'南泥湾开荒'追求的是帮助客户把5块钱变成50块钱，再从中拿出我们应得的5块钱。"

就这样，当一批批互联网公司在寒冬里倒下时，阿里巴巴的情况却是"外面很冷，我们里面却热火朝天，都在那儿学习，在努力"。

当马云完成了这一系列工作之后，他惊讶地发现，阿里巴巴发生了实质性的改变，员工在成长，客户在成长，新会员再次猛增，公司实力在稳健而快速地增强。阿里巴巴不仅熬过了寒冬，而且由小米加步枪变成了一支真正现代化的集团军。

在2008年7月，马云又一次预感到了危机的来临，他给全体员工发出了题为《冬天的使命》的内部邮件，警示道："我的看法是，整个经济形势不容乐观，接下来的冬天会比大家想象得更长！更寒冷！更复杂！我们准备过冬吧！"这一次，马云又带着阿里巴巴提前一步，做好了"过冬"准备。

马云点评《赢在中国》时有这样一句话："一个优秀的 CEO 和领导者，在给员工展示未来美好前景的时候，一定要给他们展示未来的灾难是什么，想清楚未来的灾难你才能渡过未来的灾难，没想清楚，天天想好的，一般就会再度关门。"企业必须让自己具备发现动荡、预期混沌、管理风险的能力,如此,才能安然渡过危机。

第二节 动荡袭来,企业最常犯的错误

经济不确定性就像一副迷药,最精明的 CEO 也会中招

> 经济不确定性就像是一副迷药,它可以导致最通达谙练的首席执行官犯下严重错误。当恐慌蔓延并且达到顶峰时,许多商界领袖都会退缩:他们在不该削减成本的地方削减了成本;他们解雇英才、回避风险、减少技术和产品开发;最糟糕的是,他们让恐惧主宰了自己的决策。这些行为不仅会严重阻碍企业的发展,甚至可能会毁掉企业。
> ——科特勒《混沌时代的管理和营销》

科特勒提出,商界的动荡常会使管理层做出错误的应对。许多企业的管理者在应对动荡及其带来的混乱时,会考虑采用下述两种传统方法中的一种:一是很少采取预防措施,寄希望于风暴终将散去;二是茫然之下随便做出决策,不是削减成本就是不顾一切地陷入"奇想",在一些新的无关领域进行投资和下赌注。

科特勒提醒商界领袖在动荡袭来时要警惕最常犯的几类错误:破坏核心战略和文化的资源分配决策;全面削减开支与集中审慎的行动;维持现金流量的快速解决方案,危及利益相关者;削减

营销、品牌以及新产品开发的费用；降低销售时的价格折扣；降低销售相关费用以摆脱客户；在经济危机时期削减培训和发展开支；轻视供应商和分销商。

一个企业就像在大海中航行的船，而CEO则是船长，船长的指挥关系全船的命运，来不得半点儿马虎。任何一个盲目轻率的指令都可能给航船带来灭顶之灾。没有哪个CEO愿意犯错，是客观因素和主观因素让他犯错。导致他们中招的因素有五个：客观因素是决策信息不充分，而主观因素则是情感、情绪、价值偏好和思维惯性。

第一，决策信息不充分。

任何一个决策，都是为企业的未来确立目标和选择措施。但未来总是不确定的，市场的变化迅猛无常，人们最多也只能大体上把握市场变化的趋势，不可能绝对准确地预测。正是这种市场变化的不确定性和国家政策法规变化的不确定性，使企业的决策总是处于一种信息不完全的状态，很多企业因决策不当而陷入困境。

决策信息收集不充分，信息量过大，不知如何取舍，或者有了信息不知道如何运用，这些都可能会令企业管理者做出错误的决策。

第二，情感。

情感会影响人的判断和决策。企业管理者在经营的过程中，如果把他情感所注重的内容放到了不应该有的高度，就必然会使它背离企业发展最大化目标的选择。在这一点上，福特汽车创始人老福特就是一个例子。

老福特研究发明了一种结构简单、造价低廉的黑色T型车。

他的福特汽车公司由此获得了很大的成功。他对自己创造的这一产品有着深厚的情感。后来，市场发生了很大的变化，人们的消费水平提高了，不再满足于这样一种产品，而追求档次更高、有一定个性化的产品。但他无视这种变化，固执地仍只生产他自己的黑色 T 型车。他的儿子把握住市场变化趋势，组织人力、物力，研发出适应市场变化的新产品。但老福特对这种黑色 T 型车存在特殊的情感，不愿意接受市场的变化，拒绝适应这种变化。他野蛮地否定了他儿子的努力，公开砸毁了由他儿子主持研发出来的新产品。然而，他的企业也为这一决策付出了惨重的代价，败给了通用汽车，从汽车行业的龙头宝座上走了下来。

第三，情绪。

情绪与情感有联系，但二者并不相同。情绪是一种心理反应，当一个人的心情好和不好的时候，会做出截然不同的决策。凯恩斯认为，当人的情绪好的时候，对事物发展的预测会美好；当人的情绪低落的时候，对事物发展的预测则是阴暗的、悲观的。他认定这种情绪的变化是社会经济发展周期性波动的根本原因。这有他偏颇的地方，但情绪的好坏会对决策人的决策带来直接的影响，这却是一个不争的事实。

第四，价值偏好。

人在决策时，价值偏好会像一层浓雾蒙着你的眼睛，让你无法理智地做出选择，使自己在所设定的价值偏好圈子里挣扎。所谓价值偏好就是自己所选择的一种价值观念，认定什么是有意义的，什么是没有意义的。正是这种认定，让自己陷入了自我设定的陷阱中不能自拔，从而使自己的选择远离了真正要寻求的目标。

第五，思维惯性。

它是人们按照已经获得太多成功的既定思路制定决策，把这种成功模式不加区别地到处套用，最后因为忽略外部环境的变化和所处时机的差别而使自己的决策脱离实际，成为败笔。

企业管理者要避免受这些因素影响，一是要在做决定前深入调查研究，这是科学决策的基础。正确的决策都是来源于对实际情况心中有数，来源于准确的分析判断和认真的比较选择。二是要尊重知识、尊重人才，这是科学决策的保证。决策前必须咨询专家意见。管理者要借助"外脑"的知识和智慧，集思广益，进一步完善决策方案，对多种决策方案进行反复比较，做出正确选择。三是要善于决断，敢于负责，这是管理者必须具备的决策素质。尤其是在突发事件或出现危机之时，往往更需要管理者具备高度的责任心，敢于承担风险，果断决策，才能不贻误时机，避免或减少损失。

在经济衰退的时候最糟糕的是不采取任何行动

> 我觉得在经济衰退的时候最糟糕的是不采取任何的行动。而且很糟糕的另外一种情况是出现恐慌。
> ——2009年科特勒启动天阶计划的演讲

对企业来说，最棘手的就是在经济危机的情况下如何应对。科特勒说，他不愿意看到企业裁减员工、削减营销预算，但他同样不希望企业无所事事，因为危机之下是采取行动的时候。对于一个企业来说，困难的时候，应该坐下来和员工一起商量大家今后朝着什么方向前进、大家的愿景是什么，要看一下在5年后大家的愿景能否实现。如果答案是肯定的，那么企业就应该坚持原来的愿景。之后，再回过头来看看怎么做才能达到5年之后的愿景和实现既定的目标，进而明确现在如何有所作为。

有相关机构曾经做过调研，结果显示，在所有行业中，均有超过半数的企业表示已采取行动应对危机，而其中制造业表现得最为积极，比重达75.17%。同时很多企业表示不会采取太多措施，会静待危机结束，其中农牧业显得最为保守，有近56%的企业倾向于不采取任何行动。

在东北，有一个很有意思的词来形容过冬，叫"猫冬"。很形象，冬天冷，人们就像猫一样猫着，等待冬天过去。

在经济危机到来时，很多企业也采取了"猫冬"策略，最典型的就是：暂时关闭企业、企业放长假、暂时停工停产、大裁员，最悲壮的要数倒闭了。

于是乎，很多人都把这些企业"猫冬"的原因归咎于金融风暴，都说是金融风暴惹的祸。乍一听这话，似乎有些道理，然而，细一想，并不客观。因为，市场经济的法则永远是优胜劣汰，即使没有金融风暴袭来，也照例还会有倒闭和关停的企业。就像一个人，抵抗力不强、身体虚弱、长期靠药物维持生命，一旦暴风雪袭来，不倒下才怪呢。

然而，那些身强力壮、体质好的人，说不定还要迎着暴风雪高呼："让暴风雪来得更猛烈些吧！"

那些被"冬天"冻死而倒闭的企业，恐怕再也活不过来了。但是，那些没被冻死、还处在"猫冬"或者"冬眠"状态下的企业，似乎没有任何理由继续"猫"下去、"眠"下去了，应该出来晒一晒冬日里的太阳，死等没有出路，要知道，阳光不会直射你猫冬的角落。

在经济衰退的时候，企业即便抽不出精力做一些大动作、大变革，但是，有一些事情是完全可以做，也应该做的：

一是利用"猫冬"的时期，好好反省，认真检讨。平时没有时间认真思考的问题，现在应该有了，要从"猫冬"的教训中走出来。前事不忘后事之师，跌倒了再爬起来。

二是好好调整一下企业经营战略、产品结构、市场策略。

三是好好调整一下企业组织管理结构、劳动组织结构、人才结构、股本结构。

四是好好搞一搞企业的法人治理、制度建设、机制建设。如果这个没什么必要了，那就主动寻求并购的出路，总不能在一棵树上吊死人。

五是好好抓一抓员工培训，尤其是中高层的培训。

六是好好搞一搞设备检修。

七是如果有条件，还可以搞搞市场调研、企业咨询、新产品研发。

对企业来说，生存下去的技巧是：既要不做，又要去做。所谓不做，就是不做那些消耗资源、加重企业负担、高风险的事。而去做，则是去做那些发现机会、可以突破困局的事。"猫冬"不是坐以待毙，而应该是养精蓄锐、待机而发。

绝大多数企业并没有一个混沌管理系统

> 所有需要在风险性（可测度的）和不确定性（不可测度的）中生存的企业，必须建立一个早期预警系统、远景方案构建系统和快速反应系统，以便在经济

衰退和动荡时期进行管理和营销。但我们发现绝大多数企业并没有在"混沌管理系统"下运作，他们的防御措施因而不够系统和充分。

——科特勒《混沌时代的管理和营销》

科特勒所指的混沌管理系统是发现、分析动荡和混乱并做出响应的一套系统管理方法。如果没有这套混沌管理系统，那么，处于动荡环境之中的企业就容易失去嗅觉与听觉，失去洞察与判断，也就很难生存。企业在构建这套混沌管理系统时，应先考虑9个重点问题：

我们过去的盲点有哪些？过去的这些盲点目前正发生着什么样的变化？

其他行业是否存在有益的相似之处？

我们把哪些重要信号排除掉了？

在我们的行业里谁善于捕捉微弱信号并超前采取行动？

和我们持不同意见的人以及局外人试图告诉我们什么？

将来什么样的意外可能会真正伤害（或帮助）我们？

什么样的新兴技术可能会改变游戏规则？

是否存在一个想象不到的远景方案？

梳理清楚这九大问题，企业才能更理性地去构建自己的混沌管理系统。这套系统要包括三个部分：第一，通过构建早期预警系统发现动荡源；第二，通过构建重点远景方案对混乱做出响应；第三，根据远景方案的轻重缓急和风险态度选择战略。

我们知道，动荡可能会在任何时候、任何地方以明显或隐藏的方式出现。动荡未被发现，或动荡已被发现但管理者无法或不愿意采取行动，抑或不愿意足够快速地采取行动，都会给企业造成混乱。想象一下航行中的飞机如果没有气象雷达和监测系统会是一种什么样的状况，会有什么样的后果。混沌管理系统对处于动荡之中的企业来说，就是气象雷达，就是监测系统。

正如飞行员和机组人员要为每一次航班做充分准备一样，企业管理者及其组织也必须为推动商业战略并在动荡时期实施这些战略做好准备。第一步就是要建立一套有效的早期预警系统。这个系统将尽快、尽早地发现尽可能多的动荡迹象。

企业最大的危险是那些即将到来却没有被发现的风险。了解这些风险并预测机遇需要强有力的周边视野。当企业领导人开始考虑在企业内部建立正式的预警系统时，首先要研究的事情之一就是他们及其组织以前错过的并给他们带来最大意外的重要信息和市场情报。企业必须关注的重点领域包括客户和渠道、竞争对手和互补企业、新兴技术和科学发展（颠覆性创新和技术）、政治、法律、社会和经济力量、影响者和塑造者。

破坏核心战略和文化去适应动荡无异于饮鸩止渴

> 企业在动荡袭来时最常犯的错误之一：破坏核心战略和文化的资源分配决策。
> ——科特勒《混沌时代的管理和营销》

在经济紧缩期或更加糟糕的经济停滞期，每家企业都面临着艰难的选择。但是，在动荡时期，领导者所做的决策将会产生更加深远的意义。这些决策不仅对经营结果，而且对员工、士气以及企业特有的文化和价值观都会产生深远的影响，尤其是当决策破坏了企业的基本准则、未能满足顾客的期望时更是如此。

很多企业在顺风顺水的时候，一般都会很注重企业核心战略的构建和企业核心价值观的塑造，但是，当面临动荡的时候，有一些企业为了生存下去，就会渐渐偏离原先设定的核心战略和核心价值观，越走越远。

在一些企业里，有详细的员工行为规范手册，甚至细化到了员工举手投足间的每一个动作，然而却无法产生精神层面在企业行为和员工行为上的有效反映，反过来也一样，二者无法对称。事实上，很多企业的行为都从根本上忽略了企业价值观无形的存在和作用，有时甚至会严重偏离企业所倡导的价值观。

企业的所有行为都要真正体现企业价值观，否则就是"魂不附体"。必须要将企业价值观变成企业的一种自觉行为，融入每一个行为体系中去，才能实现从心的一致到行的一致，实现理念与行为的统一，最终为企业与社会创造更多价值。不管是在平稳时期，还是在动荡时期，核心战略和核心价值观都不应该被轻易地撼动。

还有的企业，由于处在刚起步阶段或者求生存的阶段，往往连核心战略和核心价值观都没有。它们认为：对于自己而言，最要紧的是生存问题，打开市场、搞好销售、积累资本、做强做大才是关键，还谈不上企业文化问题，等企业发展壮大了再谈企业文化和价值观问题。

果真如此吗？事实上，每个组织，无论是在车库里创业的两个人的企业，还是拥有数十万员工的跨国企业集团，都有一套价值观和原则，它们决定什么行为可以接受，什么行为不可以接受。企业文化规范和行为习惯反映了企业的价值观和原则，不同的价值观能对组织产生不同的影响。高绩效的公司在与价值观有关的各个方面，远远领先于低效率的公司。在运用价值体系进行运作并真正关注所有关键人员的高绩效组织中，没有哪一部分的人被忽视，一视同仁是最普遍的特征。这一承诺通常被描述为"正直的品质"和"做该做的事"。

科特勒曾说："永远不能忽视企业的核心价值观。破坏文化和资源重新配置可能会造成长期负面影响，这不仅能弱化企业的基本原则，而且很可能对其品牌造成负面影响。"

"沟通、尊重、诚信、卓越"，这个价值观曾经属于一家闻名全球的公司，这些词语掷地有声，简洁明了，意味深长，听起来很有味道，不是吗？然而，这条年报上的价值观，却并未落实到企业的实际运营中去，甚至是背道而驰，这家企业就是安然。

安然公司曾是一家位于美国得克萨斯州的能源类公司。在2001年宣告破产之前，安然拥有两万多名雇员，是世界上最大的电力、天然气以及电讯公司之一，2000年披露的营业额达1010亿美元之巨。公司连续六年被《财富》杂志评选为"美国最具创新精神公司"，然而真正使安然公司在全世界声名大噪的，却是这个拥有上千亿资产的公司2002年在几周内破产。事件的起因是一件财务数据造假事件。2001年年初，一家有着良好声誉的短期投资机构老板吉姆·切欧斯公开对安然的盈利模式表示了怀疑。他指出："虽然安然的业务看起来很辉煌，但实际上赚不到什么钱，也没有人能够说清安然是怎么赚钱的。"到了8月中旬，人们对于安然的疑问越来越多，并最终导致了股价下跌。11月8日，安然被迫承认做了假账，自1997年以来，安然虚报盈利共计近6亿美元。最终，安然于12月2日正式向法院申请破产保护，破产清单中所列资产高达498亿美元，成为美国历史上最大的破产企业。

安然事件告诉我们，背离自己的价值观后果是极其严重的，甚至事关企业的生死。安然是一个极端的例子，但拥有这种空洞的价值观的公司并非安然一家。很多企业的价值观宣言表面充斥豪言壮语，竭尽完美之词：诚信、团队精神、责任、效率、服务以及创新等等，这些都是良好的品质，但这样的术语不能成为指导员工行动的明确纲领，因而也就毫无实效可言，或者根本就是自欺欺人。这样的价值观的破坏力极大——他们可以使员工变得玩世不恭、士气低落、疏远客户，并削弱管理层的可信度。

企业在提炼自己的价值观时，在确认价值观以后，要对核心价值观做出详尽的解释。价值观一旦确立，就必须被严格地履行。不管动荡不动荡，不管危机不危机，企业都应该守住自己核心的战略、文化、价值观。这是能够帮助企业顺利渡过难关的精神之源。

第三节　混沌营销管理：在动荡中赢得蒸蒸日上

顺利度过动荡期的关键就是要有不屈不挠的心态

> 顺利度过动荡时期的关键之一是要有一种不屈不挠的心态。在艰难时期，实用主义通常会占上风。由于经营业绩不佳，企业很容易把一切归咎于经济环境。但是，即使在最艰难的时期，一些竞争者也会超越其他企业。以胜利者的姿态走出动荡的唯一方法就是抓住时机：做出强硬、切合实际的决策，给企业及其产品带来生存甚至繁荣兴旺的机会。
>
> ——科特勒《混沌时代的管理和营销》

2008年的全球金融危机对每一家企业都是前所未有的考验，而应对危机和挑战必须凝聚力量、迎难而上。要做到这一点，不屈不挠、百折不回的精神是前提，越是在困难的时候，越要看到机遇和希望。不屈不挠、百折不回的精神是战胜一切困难和挑战的法宝。

在首届全球智库峰会上，宝洁公司副董事长沃纳·葛斯勒先生曾发表演讲，介绍宝洁公司的危机应对之道，他说——

事实上衰退只是我们生活当中的一个部分，也就是现实存在，经济时好时坏，这是一个必然的现象。过去的一个世纪当中，美国的经济有25%的时间都是处在一种收缩的时期，有可能时间更短一点。过去的这段时间，四分之三的时间，全球的经济都是在扩张的，而事实上中文里危机就有这样的含义，一方面它是危险或者风险，另外一方面它会带来机遇。经济危机也是如此，它能够进一步增强我们核心的商业的能力，从而使得我们在经济危机过后变得更加强大，而且能够不断地发展。

过去170多年的历史当中，宝洁公司也经历了很多经济的衰退和很多经济的复苏。通过这些危机的周期，我们也得到了不断的壮大和发展。大家看到，尽管有危机，人们还会继续洗头，继续刷牙，也继续洗他们的衣服。所以在经济危机的时候，他们可能只是用另一种更加经济的方式来使用这些产品，但是不可能不用我们的产品。在我们的产品分类当中，大家可以看到有一些销售逐渐地放缓，但是我们的目标也是非常现实的，而且我们应该有能力不断地增加我们的投资，确保危机之后，能够比危机之前变得更加强大。

战胜危机有四个基本点，不管是经济好的时候还是不好的时候，都要坚持这四点。第一个是卓越的品牌，第二是有更好的消费者的价值，第三要有领先的创新，第四就是成本和效益。我们参加这个游戏是长远的游戏，因此我们也必须要继续对我们的人才进行投资。我们当然也认识到在经济不景气的时候，产品价廉物美也是非常重要的要素。我们要确保尽可能多的消费者能够买得起我们的产品，也要为尽可能多的消费者来设计我们的产品。我们知道有些高端的客户还是愿意花更多的钱购买更高端的产品，但是在消费金字塔的低端有大量的消费者，我们必须为他们专门设计符合他们需求的产品。因此给消费者带来快乐，而不是稀释我们的产品目标群，这是我们非常重要的一个原则。

说到底，我们的生意就是要不断地满足消费者的期待或者需求，同时要让消费者信任我们，只有这种信任才能带来他们对品牌的忠诚度。这也是我们渡过难关的重要一点。

在经济好的时候成为一个好公司是比较容易的，但是我们同时要看到水涨船高，在非常艰难的环境中一个公司的优点更容易显现出来，因此我们将会持续不断地和我们的股东共同地努力，使他们为我们提供更多的投资，同时我们也会更多地满足消费者的需求。第一，我们将会继续使消费者满意，不会通过降低品质来渡过危机。第二，我们将会和合作伙伴保持良好的合作关系，包括我们的供应商和分销商。第三，我们要保证员工能够得到非常好的待遇，同时不断地提高他们的能力。我们现在还不能够保证终身的雇佣，但是我们会保证终身的技能。第四，我们将会继续做一个好的企业公民和中国的社区继续地合作，以及和中国政府继续合作，来进一步提高消费者的生活水平。最后我们也会不断地使我们的品牌发展壮大。宝洁公司将不断致力于中国经济的恢复过程。

从沃纳·葛斯勒先生的这番演讲中，我们能看出宝洁充足的信心和出色的应对。我们常讲，"事不避难，知难而进"。"知难"是"进"的前提，"进"是"知难"的目的。但"知难"是否一定能"进"，还要看有没有迎难而上、不屈不挠的信心和勇气，这便是精神状态问题。经验告诉我们：再小的困难，丧失信心，只能被困难吓倒；再大的困难，坚定信心，就能把困难战胜。在困难面前，我们"要有一种不屈不挠的精神"、坚定的信心和必胜的信念。

衰退不等于没机会，营销只有在缺少想象力时才会失败

> 机会永远存在，缺少的只是去发现。衰退期的营销并不意味着失败，营销只有在缺少想象力的时候才会失败。
>
> ——科特勒《科特勒说》

科特勒说，机会永远存在，缺少的只是去发现。衰退期的营销并不意味着失败，营销只有在缺少想象力的时候才会失败。在经济不景气的环境中，企业之间的竞争与正常状态相比并不会发生很大的变化。有人在经济不景气时看到的是绝望，有人恰恰相反，看到的是机会。富有远见的企业抓住这个机会很有可能改变自己在全球市场竞争中的地位。

综观世界历史，战乱、经济萧条、股市崩塌、自然灾害……种种事情带来的经济问题并没有让所有企业一蹶不振，它们中有在经济最萧条时脱颖而出的品牌，有在经济最困窘时打造的名牌，

有在经济最低迷时依然繁荣的品牌。

好莱坞是美国加利福尼亚州洛杉矶市的一个小区，如今已经成为美国电影的代名词，它在全世界享有盛名。但最初的好莱坞并不如现在华丽，它是一个真正崛起于美国经济萧条时期的产物。

熟悉美国历史的人都知道，1929年美国出现了股市大崩盘，随之而来的是经济大恐慌，1929~1933年被称为美国经济大萧条时期，加之随后爆发的第二次世界大战。经济大恐慌导致的是上百万工人失业，大批农民被迫放弃耕地，工厂、商店纷纷关门，大批企业相继倒闭⋯⋯

据统计，从1950~1973年，只有60%的美国影片其制作是完全出自美国国内。1949年，在海外生产的美国电影仅为19部，但到了1969年这个数字则增加到183部，其中大多数是在欧洲拍摄完成的。

二战期间，欧洲电影工业大受伤害，德国、意大利等国家的国有电影企业纷纷倒闭破产，而它们在经济窘困面前的退缩给了美国影片乘虚而入的机会，也给了好莱坞一个千载难逢的机会。1945~1949年，意大利进口美国影片达2000部。而在中国抗战胜利后，好莱坞电影也是在第一时间抓住机遇挺进中国，终于在中国成为家喻户晓的品牌名字。

当美国国内因为通货膨胀而导致海外市场拓展不顺利的时候，好莱坞将注意力转向了国内市场，并在产品上保持独有的创新精神，大力开发新的动作类影片。好莱坞的努力并没有白费，如今好莱坞不仅在国内拥有庞大的市场，而且对于非洲市场的开发也已经形成了巨大的规模。如今，非洲市场有将近一半以上播放的影片来自美国。

不管国内国外的经济形势如何，好莱坞在全球的扩张很少会受到经济波动的影响，20世纪80年代墨西哥和阿根廷两国正处于经济萧条时期，货币贬值严重，而好莱坞正是在这一时期一举打入这两个非英语语系的电影大国，奠定了自己今天的地位。到了80年代中期，传统电影大国日本也成为好莱坞最主要的海外利润来源之一。随后的历史发展也就成为一种必然，全球市场似乎都在为好莱坞的品牌垄断地位大亮绿灯。

好莱坞逆势飞扬的发展再次验证了科特勒的话，衰退不等于没机会，衰退会对企业有比较大的影响，但是，它并不会完全堵死发展的机遇。富有远见的企业面对经济不景气，考虑的并不是如何在经济萧条中生存，而是如何在经济萧条期过后有更大的发展。

企业对未来必须要有三种情景规划的设想

> 在日益动荡的时期，当遇到情景规划的时候，对于一个公司来说要进行设想，也许将来会有三种情景，一种是悲观的情景，一种是常态的情景，还有一种是乐观的情景。
>
> ——2009年科特勒启动天阶计划的演讲

一个高明的棋手总是能在对弈的时候，清晰地想象下一步和下几步棋的多种可能的"情景"，而企业同样需要这样的"棋手思维"。企业仅仅有一个商业规划是不够的，因为很多企业只有一个商业或者企业规划，对于未来并不太确定。企业必须做好准备，预测未来。未来有三个情况，一种是悲观的，一种是正常的，一种是乐观的。每一种不同的未来都要做好准备，去应对。

"情景规划"就是一种能提供预防机制，让管理者"处变不惊"的方法。它更接近于一种虚拟性身临其境的博弈游戏，在问题没有发生之前，想象性地进入到可能的情景中预演，当想象过的情景真正出现时，我们将能从容和周密地加以应对。

情景规划是理清扑朔迷离的未来的一种重要方法。它要求公司先设计几种未来可能发生的情形，接着再去想象会有哪些出人意料的事发生。这种分析方法使企业可以开展充分客观的讨论，使得战略更具弹性。总的说来，情景规划就是对系统未来发展的可能性和导致系统从现状向未来发展的一系列动力、事件、结果的描述和分析，目的在于增加政策的弹性和对未来不确定性的应变能力，从而及时、有效地指导实践行动。

一个公司在做远景规划的时候，要对未来进行设想：要全面考虑到三种情景，一种是悲观的情景，一种是常态的情景，还有一种是乐观的情景。就每种情景都要进行界定，如果这样的情景发生了，将采取什么样的行动。科特勒强调说："远景规划控制的是'在风险和不确定性之间的风险'。"其中的重要原则就是，对公司来说，无论发生什么情况都要确保自己的安全，把自己所可能遭受的伤害降低到最小，即使出现了糟糕的情况，企业还是能够存活下去，在可预测性和不确定性中寻找企业发展的最关键路径。

情景规划是一种修炼方法，它可以想象可能的未来，许多公司曾将其运用到甚为广泛的问题中。皇家荷兰壳牌公司从20世纪70年代就已开始将其作为一种建立和评估战略选择的方法。壳牌公司在石油预测方面始终比其他大石油公司做得好，因此首先看到了油轮业务和欧洲石化业务的产能过剩。

1972年，传奇式的情景规划大师，法国人皮埃尔·瓦克领导着壳牌情景规划小组。当时该小组发展了一个名为"能源危机"的情景。他们想象，一旦西方的石油公司失去对世界石油供给的控制，将会发生什么，以及怎样应对。在1973~1974年冬季欧佩克（石油输出国组织）宣布石油禁运政策时，壳牌已经做好了充足的准备，成为唯一一家能够抵挡这次危机的大石油公司。从此，壳牌公司从"七姐妹（指世界七大石油公司）中最小最丑的一个"，一跃成为世界第二大石油公司。

1982年皮埃尔·瓦克退休，接任他的是彼得·舒瓦茨。在1986年石油价格崩落前夕，壳牌情景规划小组又一次预先指出了这种可能性，因此壳牌并没有效仿其他的各大石油公司在价格崩溃之前收购其他的石油公司和油田以扩大生产，而是在价格崩落之后，花35亿美金购买了大量油田，彼得·舒瓦茨说这一举措为壳牌锁定了20余年的价格优势。

情景规划所描述的是可能的未来，而不是应对未来的特别战略，所以邀请外部人员，如主要的客户、重要的供应商、政府协调员、咨询顾问和学者参加这个过程很有意义，目的就在于根据基本的趋势和不确定性广泛考察未来。一线的经理形成基本看法，而参谋人员，如规划人员，则后续建立书面描述，填补差异，发现新的信息，等等。全部的目的就在于建立一个大家共享的战略思维框架，这种战略思维鼓励对外部变化与机遇做出多样性的和更为敏锐的洞察。

高层管理者必须开始亲自观察变化

> 商界领袖及高层管理人员必须开始亲自观察变化。他们应当考察正在发生变化的地方。他们必须亲身感受这种变化,而不仅仅是阅读商业杂志、通过顾问了解到某种变化或者从员工的报告中获取相关信息。
>
> ——科特勒《混沌时代的管理和营销》

"商界领袖及高层管理人员必须开始亲自观察变化"——科特勒非常重视这一点,他认为,高层管理者如果不能亲自观察变化,而仅仅是通过下属获取信息的话,那么,企业会很危险。他说:"我们正在进入一个新的时期——动荡年代。之所以这样说,原因有两个:

"第一个是全球化,全球化使得各个国家、各个企业之间的关联度增强了。

"第二个是数字化的进程,无论好的消息还是坏的消息都会迅速传播。

"所以我建议,对于企业的 CEO 来说,他们甚至不能睡觉,因为如果他们睡觉,在睡觉的八个小时中,可能会出现不好的情况。所以我强调我们一周 7 天,每天 24 小时都要非常警觉。"

至于高层管理者到底应该怎样去观察变化,科特勒举例说,他们应当跟一群 20 来岁的青年人交谈以便了解他们的所思所想,甚至与狂热的环保主义者或反全球化分子进行讨论。管理者是通过别人来完成工作。他们做出决策、分配资源、指导别人的活动,从而实现工作目标。

企业内的管理者因职权和部门的不同执行不同的工作，对于企业而言，管理者是中流砥柱，他们的思路和决策对企业发展影响深远。

低层次的管理者只会做事；中层次的管理者除了做事，主要的精力是做市场；高层次的管理者除了做市场，更重要的是观察变化，做趋势。

做市场的管理者是最具开拓性的工作。因要应对市场的竞争，他必须满足客户需求，必须以客户为中心，或以服务的对象为导向开展工作，这样才会赢得客户，获得市场的回报。由于市场变化是难以预测的，竞争是残酷的，客户又常以上帝自居，因此，这种类型的管理者的工作必须随时适应环境的变化，才会长久立于不败之地。

而会做趋势的管理者就更难，他必须准确判断未来，判断环境变化的趋势，时刻超越竞争对手进行创新，创造蓝海，引导客户，主导市场，赢得竞争的时间和空间，取得市场的丰厚回报，其领导的组织也会有不凡的业绩，同时也赢得社会的尊重。

低层次的管理者很容易陷入事务性的工作，很少去关注市场及环境的变化，很难适应今天多变的环境，在竞争激烈的市场中落败是必然的。

一些职业经理人也一样，容易陷入老经验、老模式的错误当中，不关注新市场、新环境的变化，不注重学习，工作过程同样也会走弯路、犯错误，给组织带来重大的损失。

未来，企业管理者必须要升格到做趋势的层面，积极创新，转变经济发展方式，时刻关注外部环境变化，抓住机遇，变劣势为优势，其管理的组织才会持续成功，自己才会有所作为。

第八章
科特勒营销新思维

第一节　网络营销：冲击传统的一场新工业革命

网络正在使市场营销发生着激烈的变革

受新科技尤其是因特网的鼓舞，企业正在进行一场激烈的变革，这不亚于一场新的工业革命。为了生存和发展，管理者需要用一套新规则武装大脑。21世纪的企业必须适应通过网络的管理。因特网正在使我们的思维发生一场革命，换句话说，它正在使市场营销发生革命。新模式将从根本上改变顾客对便利、速度、价格、产品、信息和服务的观念。这种新的顾客思维将会影响到各行各业。

——科特勒《科特勒市场营销教程》

科特勒指出，互联网曾经是为具有一定的资金实力和科学技术的一群个体保留的一个精英王国。如今，几乎每一个社会与经济团体都在积极使用互联网。随着科学的发展，互联网的应用变得越来越广泛，它把世界各地的人们以近乎零成本的方式联系在一起，人们也越来越离不开互联网。建立在互联网基础之上的网络营销可以说是营销家族中的新生儿，可它的成长速度却是前所未有的。网络营销虽没有改变市场营销的本质，但却深深改变了顾客获取信息、消费和沟通的方式，进而强烈地冲击着传统营销模式。

基于网络的营销有着鲜明的特点：

第一，跨时空。互联网络可超越时间约束和空间限制进行信息交换，使得企业与顾客之间脱离时空限制达成交易成为可能，企业能有更多的时间和更大的空间进行营销，可24小时随时随地提供全球性营销服务。

第二，高效性。传统营销依赖于一层层严密的渠道，还需要投入大量人力与广告以取得市场，而在网络时代却大不一样，在传统的人员推销中要几十个人甚至成百上千号人做的事，可能在网上只需要一两个人，甚至只需要一个较为完善的系统就能完成了。在未来，人员推销、市场调查、广告促销、经销代理等传统营销组合手法必将与网络相结合，并充分运用网上的各项资源，形成以最低成本投入、获得最大市场销售量的新型营销模式。

第三，多媒体。互联网络被设计成可以传输多种媒体的信息，如文字、声音、图像等信息，使得为达成交易进行的信息交换可以以多种形式存在和交换，可以充分发挥营销人员的创造性和能动性。

第四，个性化。网络营销是一对一的、理性的、以消费者为主导的、非强迫性的、循序渐进的营销过程。顾客可以在网上了解产品的最新价格，选择各种商品，做出购买决策，自行决定运输方式，自行下订单，从而获得最大的消费满足。

第五，整合性。互联网络上的营销可从商品信息、收款至售后服务一气呵成，是一种全程的营销渠道。另一方面，企业可以借助互联网，将不同的传播营销活动进行统一设计规划和协调实施，以统一的传播资讯向消费者传达信息，避免不同的传播产生不一致性的消极影响。

第六、速效性。网络营销的运用使营销进程加快，电子版本的产品目录、说明书等随时可以更新。而在软件、书籍、歌曲、影视节目等知识性产品的消费上，人们可以直接从网上下载，采用电子方式交付货款。

网络的蓬勃发展使得企业内外部沟通与经营管理均需要依赖网络，网络成了主要的渠道与信息源，甚至成了企业间竞争的主战场。贝塔斯曼败走中国市场的例子就很值得借鉴：

贝塔斯曼这个名字，想必很多读者都不陌生。它刚进入中国时，曾被视为即将逐步放开的中国出版业的最大威胁。然而，让人意外的是，13年后，贝塔斯曼却在中国折戟沉沙，关闭了零售门店和书友会，无奈撤退。

营销专家分析认为，贝塔斯曼在中国的"水土不服"主要在于它生搬书友会模式以及没能大力发展网络书店。早在2000年，贝塔斯曼就将主要的精力集中在网络的销售上。到2003年，贝塔斯曼在中国建立网站，同时面向书友会会员和非会员，会员则享受更多的便利和优惠。本来，庞大的会员数量曾经是贝塔斯曼与图书供应商讨价还价的资本。由于其拥有100多万庞大的会员网络支持，贝塔斯曼的进货量通常是当当或卓越的2～3倍。再加上不退货的特点，贝塔斯曼的采购折扣一般能谈到38折，低于当当和卓越网的40～45折。

但可惜的是，贝塔斯曼在网络销售上"起了个大早，赶了个晚集"。业内专家表示，德国人的固执亲手葬送了贝塔斯曼书友会在华转型的最后机会，当时来自贝塔斯曼高层的意见是，传统书友会将来仍然是主营收入，并不看好在线书店。贝塔斯曼坚守着书友会模式,忽视了网络书店的大潮。结果是,作为"后生"一辈的当当、卓越等网上书城抓住了网络的机遇,远远地超越了贝塔斯曼,让这个"大佬"惨败中国市场。

"谁获得客户,谁就获得市场。"这是商业社会中颠扑不破的真理。现今,消费者获得品牌与产品的渠道已经悄然从电视、报纸等传统媒体逐渐转向了互联网。贝塔斯曼如果能在十年之前,抓住网络的机遇,凭借它庞大的会员网络,定能在市场中分得一块大蛋糕。然而,贝塔斯曼轻视了网络书店的发展大势,最终只能出局。所以说,现在的企业要想赢得客户,就必须要在网络市场谋得立足之地。

形成网络时代的四股主要力量

> 在重塑世界经济的过程中,有四股主要力量构成了网络时代的基础:数字化、互联网爆炸、新型中间商、顾客定制。今天许多业务是经由连接的网络流动的数字信息运作的。如今内部网、外部网以及互联网将人们和企业之间以及与重要的信息联系在了一起。互联网已经爆炸式地增长,变成新千年革命式的科技,赋予了消费者和企业联系的强大力量。
> ——科特勒《科特勒市场营销教程》

在网络时代的背景下,科特勒所总结的四股力量——数字化、互联网爆炸、新型中间商和顾客定制,这四者既是企业必须面对的挑战,同时也是企业最好的助力。

第一,数字化。数字化的时代已经到来。很多企业都开始运用数字化营销来争取更好的营销效果。比方说，国际茶饮巨头立顿公司就很擅长借用数字化工具来营销。中国人有一个特点，就是特别讲究礼尚往来，很喜欢互赠一些小礼物。立顿就抓住了这一点，它通过手机、网络发出广告信息，用户只需要向立顿公司提供亲友的姓名、手机号码和地址，立顿就会以该用户的名义向其亲友送出一份礼品。短短一个月时间，手机用户、网络用户参与活跃，共有10万人获得了立顿赠送的红茶礼盒。这不仅帮助立顿打开了红茶产品的市场，更掌握了一个准确而庞大的客户数据库，为未来的营销计划打下了良好基础。

第二，互联网爆炸。互联网的快速发展与普及，不仅增加了网民的数量，更提升了网民的活跃度。在过去，信息传递大都是"一传十，十传百"，而现在，互联网却能产生爆炸效应，一个消息可以瞬间传遍网络的角角落落。

比方说，2012年4月26日，人民网官方微博上的一段话引起了各方极大的关注——"'微博女王'姚晨让人民日报人有了强烈的'危机感'。一位年轻编辑在社内培训时举出姚晨粉丝1955万的事例，这意味着她每一次发言的受众，比《人民日报》发行量多出近7倍。"人民网所做的这样一番对比，让人不得不惊叹，互联网时代的力量真的是强大至极。互联网爆炸就真真切切地发生在我们身边。

第三，新型中间商。互联网和其他新科技已经改变了企业为其市场服务的方式。新互联网营销商和渠道关系已经发展并替代了一些传统营销商。像搜索服务、网上商城、数字出版、电子支付等等，这些数字化时代和网络时代所催生出来的新生产物发展势头强劲，甚至形成了初具雏形的、庞大的新兴产业。企业必须要积极地去了解、研究、运用这些新型中间商，从而给企业削减更多成本，提升更高的效率。

第四，顾客定制。在过去，大多数企业采取的是大规模生产的模式，而到了网络时代，时空观被打破了，从时间上来说，网络使得企业可以动态地响应用户的即时需求，可以及时为顾客提供产品与服务；从空间上来说，虚拟企业可以彻底打破地理上的限制，订单生产完全可以实现。市场主导权由企业向顾客转移。个性化定制成为越来越多的企业吸引顾客的途径。比方说，戴尔就是如此，用户如果登录戴尔官网选配自己的电脑的话，可以提出自己的定制化方案，从机身颜色到内部配置，戴尔会竭尽所能满足顾客的需求。

虽然目前来说，很多企业在实施定制化策略时，由于诸多限制，仍然只能让消费者在有限的范围内进行挑选和定制，还不能做到完全的个性化定制，但在未来，顾客定制会是一个大方向。

据相关权威部门统计，中国网民在2011年底已经突破5亿的人数，位居全球第一。面对网络时代巨大的消费群体、潜藏的巨大商机，企业只有紧紧跟上，才能从网络经济中分得一杯羹，而慢半拍就可能被甩下一大截。网络科技正在使行业之间的界线变得模糊，企业如果能够把握好网络时代的发展大势，运用好四股力量，积极地进行转型和变革，那么，网络就会成为企业最佳的平台和机遇。

网络营销使买卖双方均受益匪浅

网络营销使买卖双方均受益。对买方而言，网络使购买更方便而且更隐秘，提供了更多产品的获取和选择，提供了一个产品和信息的宝库。它是互动而又快捷的，这使消费者得到对购买过程更大的控制权。对卖方而言，网络是建立顾客关系的一个强有力的工具。它也提高了买方的速度和效率，有助于降低销售成本。网络还提供了更大的灵活性，使全球市场变得更容易进入。

——科特勒《科特勒市场营销教程》

网络的出现使得我们的生活产生了翻天覆地的变化，对于商业市场，网络同样也带来了巨大的推动力。通过互联网，购买者能够接触到新的供应商、降低采购成本并加速订购货物的处理和运送；同样，企业也可充分地利用互联网，首先，网络是同顾客建立关系的有效方式，因为其一对一、互动型的性质，网络成了十分有效的营销工具。企业通过在网上与顾客的互动联系可以了解到顾客的具体需要和欲望。反过来，网上的顾客也可提出问题或者主动反馈意见。以这种不断进行的互动为基础，企业能够提供更为精致的服务和产品来增加顾客价值和满意度。

很明显，对于买卖双方来说，互联网在削减成本、简化购买程序以提高效率、促进信息共享与对称以及减少购买流程时间等方面有着无与伦比的优势。通过网络这个平台，企业能够跟顾客走得更近，联系更紧，甚至能够一夜之间红遍整个市场；而顾客则获得了更自由的选择权和更有力的控制权。下面的两个例子，就可以体现出网络对买卖双方的巨大影响力。

一枚普通的曲别针换一栋房子，你信吗？这不是天方夜谭，美国一位名叫凯尔·麦克唐纳的男子就通过网络实现了这一"天方夜谭"。麦克唐纳与女友还有几位室友一起在蒙特利尔租房子住，每月300美元租金，他最大的梦想是拥有自己的房子，但他没有固定职业，根本没有能力买下一栋房子。于是，他突发奇想，在网上发布了一条信息，想以一个红色曲别针换一个较大或更好的物品。

结果，短短几天过去后，温哥华就有两位妇女通过网络联系他，说愿意用一支鱼形笔换他的曲别针。而后不到十分钟，西雅图又有一位女士联络他，用一个画着笑脸的陶瓷门把换了他的鱼形笔。后来，他又用门把手换来了一个野营炉，用野营炉换了一个发电机……几个月之后，他跟吉普林镇做了最后一次交换，换来了该镇的一栋免费的房子。

在现实生活中成功性几乎为零的事情，在网络上却成了现实，麦克唐纳真的用一枚曲别针换来了一套房子。无独有偶，美国有一个家电制造商同样利用网络创造了一段传奇。

某家用搅拌机的生产商为了展示他们搅拌机的性能，在YouTube上推出了一个很有意思的视频，在视频里，他们把iPhone手机丢进搅拌机里，然后将其搅成了一团黑糊糊。这个简单的视频让该生产商爆红，视频迅速在网络上传播开来，到现在已经有了过亿的点击量，而这家生产商的业绩也足足成长了七倍。这段网络视频也被称为"有史以来最有效的病毒视频营销"。

从这两个故事中可以看出，网络营销如果运用得当，不管是买方还是卖方，都能从中受益良多，甚至，传统营销难以达成甚至根本不可能达成的目标，通过网络营销，都有可能实现。

网络营销是一种新型的商业营销，是一种互动的、直接的、即时交互的、客户始终参与营销全过程的营销模式，它始终面向日益个性化和多样化的客户需求。与此同时，网络时代也是一个竞争激烈的时代。企业要想在竞争中获胜，关键还在于能否把握商业机会，采取合理的新营销方式，开拓市场，提升企业竞争力。

互联网给企业营销带来了极大的挑战

> 互联网不仅拥有客观的美好前景，它也面临着许多挑战。对大多数企业而言，在线营销将变成一套整合的营销组合的一个重要部分。对其他企业，它将变成其为市场服务的主要方式。然而，互联网也给企业带来了许多挑战，其中包括有限的顾客接触和购买、用户背景的不均衡、混乱、安全和道德问题。尽管存在这些挑战，大多数企业都在迅速将网上营销融入其营销战略和组合中去。
> ——科特勒《科特勒市场营销教程》

互联网无疑正在改变着用户的行为和消费方式，企业或品牌的运营也因受其影响而将逐渐发生改变。越来越多的企业由此走进网络营销，企业家或营销人都想借助这个拥有数亿人的平台抢占到更多的市场份额。但对那些在传统渠道耕耘多年的企业或品牌而言，互联网带来机遇的同时，也带来了极大的挑战。

第一，有限的顾客接触和购买。诚然，互联网使得企业的市场空间更广阔了，能接触到的顾客群也更大了，很多的业务运营起来也更加便捷了，但是，无论如何扩展，网络营销仍然只能到达有限的市场空间。而且，许多网络用户更多的是通过网络浏览网页，从事产品调查而非真正的购买。

第二,用户背景的不均衡。虽然网络用户正变成主流,他们依然比大众的层次和科技的倾向要高一点。这些网上营销成为营销电脑软硬件、家用电器、金融服务和其他特定种类产品的理想工具。然而,这也决定了网上营销并非万能,某些主流产品通过网络销售效果就不会那么理想。

第三,混乱。互联网提供了成百上千万的网站和数量大得令人瞠目结舌的信息,这就像一把双刃剑,既给顾客提供了一个信息的海洋,但同时也容易让人迷失其中,产生疲劳感。因此,对很多顾客而言,浏览互联网会变得令人沮丧、摸不着头脑而又耗费时间。在如此混乱的环境中,许多网络广告和网页根本就不会被注意或者打开。即使被注意到,营销人也可能很难吸引顾客的注意。有研究表明,一个网站必须在8秒钟内抓住网上冲浪者的注意力,要不然就会将其拱手让给其他网站。这使营销人员仅有极短的时间来推广和销售其产品。

第四,安全问题。一些顾客依然担心一些处心积虑的人会偷窥他们的网上交易或盗用其账号未经授权就进行购买。同样地,进行网上业务的企业也担心其他人出于商业间谍甚至破坏的目的使用互联网侵入他们的电脑系统。近年来,网络安全问题已经得到了很大程度的解决,能让人放心许多。但网络毕竟是网络,不安全的因素始终存在,这些既是顾客的顾虑,也是摆在企业面前的一道关卡。

第五,道德问题。现代人越来越注重个人隐私,很多人不愿意自己的信息被陌生人所知。而通过互联网,企业往往能够轻而易举地跟踪网站的访问者,获取顾客的大量个人信息。如果企业未经授权就利用这些信息营销其产品或与其他企业交换顾客的电子列表，这使顾客很容易受到信息滥用的侵害。除此之外，还存在着隔离和歧视的问题。互联网目前能很好地为上层消费者服务。然而，较贫困的消费者接触互联网的机会依然很少，这使其对产品、服务和价格了解得更少。

市场决定着市场营销战略，在互联网巨大影响下的市场必然要求市场营销战略的更新。企业必须以市场为生命，从市场营销因素最基本的4P组合来调整、更新自己的营销战略。

在产品与服务上，互联网所提供的产品，除了要充分显示产品的性能、特点、质量以及售后服务等内容外，更重要的是能够对个别需求进行一对一的营销服务。企业要根据用户对产品提出的具体或特殊要求进行产品的生产供应，最大限度地满足消费者的需求。

在价格上，因为消费者可通过网络查询产品价格和市场相关产品的价格，进而在此基础上理性地购买价格合理的产品。所以企业一定要在对网上企业相关产品价格和竞争情况进行认真调研和实时监测基础上，合理估计本企业产品在消费者心目中的形象，进而确定产品的价格。

在渠道上，网络能将企业和消费者连在一起，售前、售中和售后几乎都能通过网络来实现，与传统的渠道相比，网络具有很大的优势。企业要利用好这一特殊的渠道，通过网络经营好顾客，吸引更多的顾客群体。

在销售促进上，网上的促销在很大程度上是被动的，因此，企业需要解决的一个难题就是：如何吸引消费者上网，并提供具有价值诱因的商品信息，吸引顾客购买。

第二节　国际营销：与其被国际化，不如去国际化

全球化带来新挑战，国际化成为大趋势

> 如果国内市场足够大，大部分的公司宁愿留在国内。在国内做生意更容易，也更安全。不过以下因素会将企业吸引到国际市场上：有些国际市场比国内市场的盈利机会更大；为了达到规模经济，公司需要更大的客户群；公司希望削弱对于单一市场的依赖性；公司希望在国际对手的本土市场对其进行打击；顾客正在走向国外，因而要求国际化的服务。
>
> ——科特勒《营销管理》

科特勒曾在接受采访时说："在海外做生意，风险总会有的，但如果你不去进入新兴市场而只待在本国，风险依然很大，主要是随着国内的发展，国外竞争者不断进入，也会在自己家门口遇到冲击。所以每家公司都要平衡两点：建造堡垒来保卫自己的本土，或者向外部市场积极拓展。如果只待在自家的领地，或者冒失地进行大量海外投资，到最后也会失去领地。对此我的意见是：对于大公司而言，要么国际化，要么等死。"

海尔集团有一个口号："无内不稳，无外不强。"随着市场经济的发展和国际经济的一体化，国内企业越来越强烈地感受到国际化的压力和诱惑。国际化能给企业带来的最主要的利益有：

一是扩大市场规模。在国际市场销售公司产品和服务，开辟

新的市场，能提高收益，特别是那些处在有限增长的本国市场的公司，进入国际市场能有更大的发展空间。

二是充分发挥生产能力和尽快收回投资。一些企业的大规模投资，包括工厂、设备和研发，为得到应有的投资回报，需要巨大的市场规模，而国际化则是最好的选择。

三是规模效应。国际市场扩张后，企业规模会进一步扩大，有可能取得优化的规模效应，如汽车工业。同时，国际市场也为企业转移核心竞争力提供了机会，它为跨越国界的资源和知识共享创造了条件。

四是学习效应。不同的市场和不同的实践为跨国公司提供了很多学习机会，包括发达国家的企业也能从新兴市场的运行中学习新的东西。

五是降低成本。在劳动力、原材料或技术费用比较低的国家建立生产工厂可以降低成本。很多国外企业将制造和生产流程转移到中国，其中最主要的原因之一就是降低成本。

六是分散商业风险。公司通过在不同的国外市场上经营建立了广泛的市场基础，与完全地依靠本国市场相比，风险被大大分散了。

这几点对企业的发展都有着深远的影响。随着国际竞争越来越激烈，如果企业仅满足于在本土市场上的发展，势必会被淘汰。

国际化的竞争已经在家门口，企业必须审时度势，把本土企业放在国际化的大背景和大环境下，制定相应的战略，把握机遇将企业推向国际。

走向国际市场前企业必须认清的风险观念

在决定走向国际市场之前，公司必须认识并评估以下风险：公司可能不能理解国外的偏好，因而无法提供有竞争力的产品；公司可能不能理解国外的商业文化；公司可能不能理解国外的法规，因而发生预期之外的费用；公司可能缺乏具有国际化管理的人才；在外国可能需要面对改变的商业法规、汇率贬值，甚至政变和财产被没收的情况。

——科特勒《营销管理》

科特勒曾说："一家国际化的公司必须对自己接下来的长期战略走向有清晰认识，往往刚进入时会亏钱，因为有大量固定资产投资、买地建厂等等，商家可能希望从进入的国家的银行获得资金，但它也要花高薪雇用很多有技能的人员。所以，要进入一个新的国家，往往要有十年的战略眼光，进入后赔钱又退出的不乏其例；不过，倘若能提供当地缺乏的东西，比如较好的基础设施、高质量的服务、快速交付、建立好的价值链，往往能在长期内获得较好的回报。"

在经济全球化、市场国际化的经济形势下，任何企业都想要从中分到一杯羹，而因此带来的是激烈的竞争与残酷的淘汰法则。

要在国际市场中生存，企业必须对国际化的风险有清晰的认识。就像科特勒所说的，国外的商业文化、法规、国际化的人才、政治与经济风险等等，这些都会成为企业迈向国际化的巨大障碍。

在全球化市场的经济背景中,首当其冲的挑战就是文化与价值观的挑战,国内企业想要迈出全球化的步子,首先遭遇到的是各个国家和地区多种多样的文化与价值观的碰撞。对于很多国内企业而言,这将是实现全球化整合的最大障碍之一,也是在全球化背景下取得出色业绩的最大障碍之一。

双方文化与价值观的不同,很容易导致双方的沟通发生障碍。而在一个合作项目的促成中沟通是必要的,只有良性的沟通才能达成良好的合作,所以说解决双方的沟通问题是首要的。

当文化与价值观得到有效解决之后,接下来的问题就是国际型人才的缺失。人才是企业的核心竞争力,如何让国际化的人才融合在一起,形成一个优良的团队,同样是一大挑战。

当企业达到良性沟通、人才具备以及形成了良好的团队合作氛围之后,过硬的技术保障就显得尤为重要。企业必须要尽快转型成拥有自己的核心技术、自主知识产权的高效率技术创新型企业,以技术来带动企业发展,而不能单单只依靠一些低端产业来带动自身发展。

所以说,企业顺应全球化的趋势走向国际化市场,是必然的,但同时也是任重而道远的。在这方面,华为在国际化道路的尝试,对那些以国际化为战略的中国公司,是有着积极的启发和借鉴意义的。

华为国际化成功的一条重要经验就是秉承"压强原则":"在成功关键要素和选定的战略生长点上,以超过竞争对手的强度配置资源,要么不做,要做就极大地集中人力、物力和财力,实现重点突破。"

华为在进入俄罗斯市场时,正是用在苏联卫国战争期间被苏联军民广为传诵的名言作为其战略宣言:"俄罗斯大地辽阔,可我们已无退路,后面就是莫斯科!"没有攻不下的市场堡垒,只有攻不下市场堡垒的人。国际市场也并不是坚不可摧的,华为在俄罗斯市场上历经8年从36美元到3亿美元,最重要的一条就在于对国际化战略的坚持和信仰。

国际化最关键之处就是企业的核心竞争力,从长期来看,价格优势不能成为中国企业的核心竞争力,中国企业取得国际市场竞争优势的关键还是体现自身实力的核心竞争力,其中包括企业的核心技术和市场营销能力。

华为在进入国际市场时,坚持把"最好的产品拿出去"。华为在与世界五个电信巨无霸公司的竞争过程中,最终以技术、质量第一,获得了荷兰电信3G项目的商用网络就是一个最好的案例。

这也再次证明了一条真理,国际市场不相信眼泪,国际市场依靠的是实力。每年将营业额的10%以上投入研发,使得华为能够在国际市场竞争过程中有个高起点,华为的智能网用户数量全球排名第一,下一代通信网全球排名第二,传输亚洲排名第一、全球排名第四,交换机品牌排名第二,数据通信也成功地进入了美国和全球市场。这些业绩是以核心技术和自由知识产权为后盾的。

国际化的另一大瓶颈是管理。华为有一套经多年时间和实践构建起来的与世界级一流企业接轨的管理体系,以及长期探索而来的充满活力的企业机制。

正是早期与国外通讯巨头的竞争与合作的过程,使华为认识到先进的企业内部管理体系在国际化过程中的基础作用,这也是华为义无反顾地走向国际化的信心来源。

华为信奉并长期坚持的一条重要理念是:管理是真正的核心

竞争力。自 1997 年以来，华为在公司运作、质量体系、财务、人力资源四个主要方面进行了持续不断的变革，经过这些年的努力，基本建立了与国际接轨的管理运作体系，国际营运商对华为产品的认可，实际上是对华为整体管理体系的认可与尊重。

华为的国际化历程表明了，对中国企业来说，国际化的道路并不是简单地把产品和服务投向国际市场那么简单，国际化意味着中国企业的核心竞争力、经营战略以及管理体系全面地与国际惯例接轨。

只有"内功"扎实、对国际市场的风险有足够的认识和充足的应对，企业才能真正走上国际舞台。

在决定候选国时，企业要拿捏好三个标准

> 公司还必须考虑国家的选择。一个国家是否有吸引力，取决于产品本身，也受到这个国家的地理位置、收入和人口数量以及政治环境的影响。在决定是否走向国外的时候，国内公司需要确定其国际营销目标和政策。公司要决定是在少数几个国家还是许多个国家开拓市场。公司也要决定哪些国家值得考虑。一般来说候选国应该根据三个标准来衡量：市场吸引力、风险和竞争优势。
>
> ——科特勒《营销管理》

当一个企业做好了充足的准备，也具备足够的实力进军国际市场时，它应当怎样选择市场？先进入哪个国家？后进入哪个国家？是先集中力量于某一个市场，还是选择好几个市场多点出击，

或者是将摊子一下子全铺开来？这是一个关键性的问题。古语有云："谋定而后动。"企业国际化首要的就是要选定候选国，选定自己的目标市场。

科特勒认为，考察一个候选国，应秉持三个标准：

一是市场吸引力。这不仅要考虑一国当前的市场潜力和长期的潜在需求，评估现有市场潜量，预测未来市场潜量、成本、利润和投资报酬率，还应考虑该国的经济结构、政治制度、地理位置、资源条件、人口和居民收入等等。按照现在普遍的划分法，美、日、欧被认为是"三强市场"，东南亚诸国被看作是新兴工业国，还有很大一部分亚、非、拉美国家则被看作是第三世界。而现在，像中国、印度这样的国家发展势头和发展潜力不容小觑，成为很多企业在进行国际营销时必先考量的重点市场。

二是风险。国际化绝对不是让企业跨出国门那么简单，更重要的是，企业必须能够真正融入目标市场中去。"走出去"，到一个陌生的国家开拓市场，企业是要冒非常大的风险的。比方说，金融上的风险、政治法律上的风险、民情风俗上的风险、专业性服务上的风险、世界经济形势不明朗的风险、战略管理能力上的风险、竞争方面的风险等，都可能存在很多绊脚石与拦路虎。可以说，企业一旦开始国际化，就犹如将船驶进大海，既可能乘风破浪，也可能有倾覆之祸。哪怕是最细微的一个隐患，都可能引来不期而至的惊涛骇浪。

比方说，TCL在收购法国汤姆逊彩电事业部后，组建起了全球最大的彩电制造企业TTE，但接下来的发展并不顺利。努力想要打开欧美市场的TCL，并没能成功接手汤姆逊的销售渠道，同时，TCL不得不面临裁员难、招人难的尴尬困境。更令人料想不到的是，就在那几年中，平板电视迅速取代 CRT 电视，这意味着 TCL 想通过与汤姆逊合作获取 CRT 电视霸主地位的目标变得毫无意义。管理上的难题、利润的下降、资金链紧张等原因导致这场收购最后并不那么尽如人意。

这个例子也表明，国际化之路虽然看似风光，但实际上极具风险。而这些风险是需要企业预先进行深入而谨慎评估的。

三是竞争优势。"竞争战略之父"迈克尔·波特博士也曾提出同样观点，他认为，关于国际化，企业必须要有自己的竞争优势。如果将国际化征程比作一场赌博的话，那么，企业必须评估自己是否具备参与赌局的资本，是否具有胜出赌局的一手好底牌。企业只有明确了自身的竞争优势，才能更好地在国际市场中扬长避短，将优势更全面地发挥出来，形成自身在国际市场的核心竞争力。

总之，在选择候选国这一阶段，企业不能只是凭经验、个人好恶、语言和文化的一致性或距离的远近就匆匆做出决定，而要收集大量的客观资料，请有关机构和专家进行认真的分析和预测，谨慎从事。

选择最适合的模式进军国际市场

> 一旦公司决定了将一个国家作为目标市场，它就必须决定进入市场的最佳模式。可选择的模式包括：间接出口、直接出口、许可经营、合资以及直接投资。这五种方式依次要求更多的投入、风险、控制和盈利潜力。越靠后的策略意味着越多的投入、越大的风险、越多的控制权和越大的盈利潜力。
>
> ——科特勒《营销管理》

科特勒认为，国际化就是企业从事跨国经营，从间接出口到直接出口，到在境外建立子公司，直至完全的国际化经营。在实践中，国内企业参与国际竞争主要的方式有四种：

第一种是跨国公司模式，以海尔为典型代表，在海外直接建厂，实现了生产、人员、营销、研发、设计的当地化；第二种是海外并购模式，以联想、吉利为典型代表，并购海外的成熟品牌，利用原有品牌的影响力、渠道、人才进入国际市场；第三种是OEM加工出口模式，以富士康为代表，主要是外国企业选定产品，委托中国企业生产，然后由他们自己出口销售，这是本土企业大量采用的一种模式，广泛存在于服装、家电、手机等行业；第四种是代理销售模式。委托海外的渠道商开拓市场。

企业决定进入国际市场时，一定要选择最适合自己的最佳进入方式，以谨慎、务实为本。在这方面，中国最大的照明品牌供应商雷士照明就是个很好的榜样。

2011年7月18日，对雷士照明来说，是值得大书特书的一个日子。这天，雷士照明与亚奥理事会签约，正式成为"亚奥理事会照明及服务合作伙伴"。根据双方签订的协议，雷士照明将为今后亚奥理事会在亚洲地区开展的赛事活动提供专业的灯光照明产品及服务方案。这将帮助雷士照明实现"点亮亚洲，照耀全球"的国际化战略。

在13年前，雷士照明还只是广东惠州一家注册资金100万的小厂。创立之初，雷士照明创始人吴长江就在厂门口竖起"创世界品牌，争行业第一"的牌子。如今这家企业已经成为中国照明行业领导品牌，提供各种照明解决方案，其中包括提供设计服务并生产定制产品，满足专业及其大型项目终端客户的特殊需求。

从研发能力、制造能力、渠道建设、品牌知名度到承接大型工程，雷士照明都拥有明显的竞争优势。近年来，在奠定了国内第一大照明品牌供应商的市场地位后，雷士照明加快了开拓国际市场的步伐。

尽管早在成立之初就打出"创世界品牌"的旗号，但雷士照明非常务实，吴长江说："中国市场这么大，如果在自己家门口都做不好，与国外品牌竞争靠什么？所以，前几年，我提出本土化就是国际化的时候，有人说我们是在国际上没做起来才这么说。实际上，一些企业在国内还没发展好，就盲目到国外去收购，最后铩羽而归，这都是教训。国际化是一个路径，但这个路径的设置一定要务实，要顺势而为，它是企业在国内积累优势后自然而然发展的结果。从我开始做雷士照明开始，就是向着国际市场去的，从未停过。"

早在2006年，雷士照明就开始开拓海外市场，最早采取的是贸易出口方式，同时谋划自主品牌销售。2007年6月，雷士照明在英国收购了一家照明销售公司，将渠道交给有经验的当地人去开拓，开始进入欧盟市场。截至2010年年底，雷士照明英国公司的门店数目达到了200家。

2010年5月20日，雷士照明在香港联交所主板上市。更为重要的是，直接参与2008年北京奥运会、2010年广州亚运会、2010年上海世博会、2010年南非世界杯和武广高铁等重大照明项目建设，充分彰显了雷士照明具备承接世界级大型工程项目的实力，尤其是承接国际体育赛事照明工程，让雷士照明积累了丰富的经验。此外，雷士照明成功开发巴西等国市场，在澳洲与南非的知名度也大幅度提升，并承接了德班机场室内照明项目。

"我们的国际化营销战略很扎实。雷士的海外分公司,在东南亚、英国做得都很好,规模占到整个销售额的20%左右。我们在海外的扩展增速大于国内,自主品牌的扩张大于OEM,"吴长江说,"未来在中东与东南亚市场,雷士照明将通过专卖店、专柜进一步拓展渠道。"但他同时强调说:"国际化是一个很复杂的过程。我们要做国际化的企业,不仅是把产品卖到国外,还要输出文化,把自己的网络推向全球,这才是真正的国际化。"

从扎实地经营本地市场,到贸易出口,再到收购国外企业,最后全面进军国际市场,雷士照明每一步都稳打稳扎,从不冒进。有句话说:"国际化只有走得稳,才能走得快。"雷士照明的国际化进程正是这番话的最佳佐证。

第三节 水平营销:跳出盒子,而不是坐在盒子里思考

纵向营销会导致一个过度细分而无利可图的市场

在最为发达的市场,基本的营销策略(如市场细分、目标锁定、定位)作为能产生竞争优势因而转化成商业机遇和新产品的机制,日渐开始暴露出其不足之处。企业可以继续细分市场,但最终结果将是市场小得无利可图。纵向思维的反复运用会导致一个过度细分的市场,在这种情况下,细分或利基市场将小到无利可图。

——科特勒《水平营销》

科特勒对传统营销理论进行了系统的审视，他认为：传统的营销是一种"纵向营销"的模式。纵向营销的运行步骤是：第一步，市场营销就是发现还没有被满足的需求并满足它，而这个过程里需求分析是起点，通过市场调研，确定一个可能成为潜在市场的群体；第二步，划定了潜在的市场后，运用STP也就是市场细分、目标锁定、定位等方式形成产品或服务的竞争策略；第三步，运用4P等营销组合来贯彻竞争策略，将产品或服务推向市场。纵向营销通过差异化的方式不断地为细分市场提供个性化的产品，它使企业的专业化营销能力得以提升，最终惠及消费者。

尽管纵向营销是一种成熟的营销理念，但它也有很大的弊端。当市场被首次细分时，细分的企业往往能得到良好回报，但随着细分加剧，子市场越来越小，细分市场缩小成利基市场，那么企业利润也就会越来越薄。由于纵向营销不能创造出新的产品、新的市场，最终的结果必然是特定市场的无限细分和需求饱和，重复的市场细分导致市场的过度零碎化，这也是当前许多企业的营销困境所在。

2009年，刚过完百岁生日的通用汽车走上了破产重组的道路。曾经不可一世的汽车巨头沦落至此，让人不得不惋惜。关于通用汽车为何会陷入困境，众说纷纭，各有各论，但如果从营销的角度去分析会发现，通用汽车在营销方面的失误早在几十年前就埋下了失败的种子。

早在1924年，通用汽车的第八任总裁阿尔弗雷德·斯隆就提出了"不同的钱包、不同的目标、不同的车型"的市场细分战略，根据价格水平对美国汽车市场进行细分，最终目标是通用汽车每个品牌的产品针对一个特定的细分市场。斯隆的这一战略奠定了通用汽车多品牌战略的理论基石。当时，美国的中产阶级迅速崛起，消费者对个性化汽车的追求成为一种潮流，同期的福特汽车提供的基本是千篇一律的汽车，而通用汽车则采取多品牌战略，让产品线覆盖几乎所有的潜在购买者。在其鼎盛时期，通用汽车旗下拥有凯迪拉克、别克、雪佛兰、土星、庞蒂亚克等多个品牌，还参股了五十铃、菲亚特等汽车公司，俨然一个庞大的汽车帝国。这种细分的战略使得通用汽车在近80年的时间里称霸汽车市场。

然而，随着时间推移，通用汽车的战略日渐显露弊端。各个品牌独立运作，各自为政，品牌之间沟通困难，在研发、制造、营销、服务等方面难以有效整合，使得成本居高不下。而且，由于对市场的过度细分，形成了众多的品牌，品牌之间界限模糊不清，不仅给消费者带来了选择的困惑，更演变成了"多生孩子打群架"的自有品牌之间的内耗。最为关键的是，受困于市场细分和多品牌战略，通用汽车一直无法集中各方力量来开发一款能够真正拉动销量的全球战略车型，它只能不停地在各个细分市场进行研发，不仅加大了成本，而且失去了宝贵的市场和利润增长空间。而彼时的丰田、本田却凭借着花冠、凯美瑞、雅阁、思域等全球战略车型的优异表现迅速崛起。

科特勒曾说："界定市场提供了竞争领域的框架，而选择潜在需求、个体与情境的同时，也就是在放弃我们满足不了的需求、个体与情境。当营销人员确立了一种类别，他们便认为其中的要素都是不变的。通常，他们将不再考虑这些要素。"也就是说，在对市场进行细分并确定自己的目标市场后，企业很容易陷入一种困境——只盯着自己的细分市场，却忽视了选定的细分市场之外的其他市场与空间的可能性。通用汽车市场细分与多品牌战略的出发点是没有错的，但它过分局限在细分市场，不仅增加了制造成本和营销成本，造成了品牌间的内耗，也忽视了全球化的市场，错过了横扫全球市场的机遇。

企业在运用纵向营销的过程中，一定要警惕市场的过度细分，既要防止别人更要防止自己蚕食自己的市场。如今的营销亟需一种能取代细分而盈利的新策略。这也就是科特勒所提倡的水平营销创新策略。水平营销是通过对产品做适当改动来产生新用途、新情境、新目标市场以开创新类别，从而重组市场。水平营销是市场充分细分时代进行产品创新的一大法宝，我们看到在"新用途、新情境、新目标"的指引下，新产品纷纷问世，但是这些新产品有一个共同点——并没有瓜分固有的市场，而是满足了新需求，开发了新市场。形象一点说，如果把市场比作一块蛋糕的话，那么，纵向营销是在试图将蛋糕切得更细，然后获取自己的那一份；而水平营销则是在试图将这块蛋糕做大。企业要综合地运用这两种策略，以纵向营销来进行选择，以水平营销来进行创造，实现二者的优势互补。

水平营销是纵向营销的必要补充

> 纵向营销和水平营销是两种截然不同的创新之道：前者是在某一特定市场内部做调整，后者是通过对产品做适当改动来产生新用途、新情境、新目标市场以开创新类别，从而重组市场。水平营销并不是纵向营销的替代方式。实际上，两者是不可或缺的互补，而且，如果在新类别发现后没有纵向营销来提供多样性，水平营销也就不能充分地发展。
>
> ——科特勒《水平营销》

纵向营销是在市场界定过程中,通过采取市场细分与定位策略,调整现有的产品和服务,以使市场多样化。而水平营销是将已知信息进行重组,通过更富探索性、可能性和诱导性的创新思维,激发出新的市场和利润增长点。纵向营销是利用市场界定来创造竞争优势,创新即在该界定过程中进行。市场界定使我们在推出创新、拓展业务时能保持目标一致。水平营销则基于通过接近那些我们在对产品或服务做市场界定时所淘汰的一种或多种需求、用途、目标或情境来努力开拓市场。这意味着需要改变我们的产品。

纵向营销容易导致市场的过度细分,使得企业要面对极其激烈的市场竞争和极其微薄的市场利润,而相比之下,水平营销却往往能通过原创性的理念和产品开发开辟出另一片广阔天地。因此,水平营销越来越受重视,而纵向营销越来越式微。很多企业甚至认为,水平营销要优于纵向营销,或者水平营销将替代纵向营销,事实绝非如此。

纵向营销的作用在于:它为扩大特定市场提供思路;它促使特定市场的潜在顾客转化为现实顾客;它使产品能够出现于现有市场所有可能的情境中;它有助于产品在特定市场实现最大程度的渗透;它使得企业在特定的市场中找到新的定位。纵向营销与水平营销的不同主要体现在以下几个方面:

水平营销过程跳出原来的方向,而纵向营销沿着一个固定的方向前进。

水平营销具有启发性,而纵向市场营销具分析性。

纵向营销遵循一定的序列,而水平营销则会跳跃到其他产品或类别上,以捕捉可能的点子和产生的变化。

纵向营销通过淘汰法进行选择，而水平营销不淘汰任何可能导致新概念的选择。

水平营销利用那些与产品无关的种类或产品，而纵向营销排除那些处于我们的潜在市场定义之外的概念。

水平营销的方式不甚明显，而纵向市场营销则以序列的明显方式进行着。

水平营销是一个充满可能性的过程，而纵向营销则是一个确定性的过程。

如果要用一句恰当的话来形容纵向营销与水平营销的关系，那么就是——纵向营销进行选择，而水平营销进行创造，水平营销是纵向营销的必要补充。

水平营销就是通过创新激发出新的市场和利润点

> 在一个过度细分和品牌过多的成熟市场，最有效的竞争方式便是开创新市场或新类别。水平营销就是跨越原有的产品和市场，通过创新激发出新的市场和利润增长点，它是跳出盒子的思考，而不是坐在盒子里思考。
> 　　——科特勒"2005新思维全球巡回论坛"演讲

水平营销是一种创造性的思考，科特勒形象地称其为"跳出盒子的思考"，它试图用一种崭新的、刺激思维的角度考虑产品的某个侧面，从而催生原创性的理念。传统的纵向营销有三个层面，市场定义层面、产品层面和营销组合层面。每一个层面又有很多因素，比如市场定义层面包含了消费者、使用情境等因素。水平营销就是要选出一个层面，再对该层面的某一因素展开横向思考，比如用途、目标市场等，从而催生全新的产品。

比方说，日本曾有几个大学生，看到学校里学生需要复印很多资料，于是想了个点子——免费复印。

他们将所有复印纸的背面作为广告版，供企业投放广告，而正面则用来复印。广告费中抽出一小部分，就足以支付复印的成本。这一举，不仅大受学生欢迎，也得到了很多企业的青睐，此模式在各校推广开后，这群创业者因此获得了每月1000万日元左右的销售额。

再比方说，剃刀通常被认为是针对男性的产品，可是吉列却认为，女性也有对剃刀的需求，于是，吉列开发出了适合女性需要的、更女性化设计的剃刀。

还有中药，在日本，西药称霸，中药销路不好，药材大量积压，有一家专门从中国进口中药的贸易公司，想了个主意，将中药和日本人习惯的茶饮联系起来，在东京中央区开办了一家把中药与茶结合起来的新店，结果这个名为"汉方吃茶店"的生意之好，令人羡慕。中药和茶并无本质上的关联，但跳出中药的行销领域，该公司创造出了新的市场。

上述这些都是非常出色的水平营销创新策略。它们通过改变市场、产品和营销组合，重新定义了市场和需求。这些方面的质变带来了新类别的产品或新的市场，进而给企业带来了营销上的重大突破。

传统上多数公司采用的分析式的营销创新方法无助于根本性的创新。要想创造可能深刻改变市场的新概念，水平营销是更好的方法，因为它所依赖的正是有助于催生真正新思想的创造性技巧。

这并不是说，纵向营销就不能创新，它同样在创新，而且，纵向营销的创新更容易被顾客接受和理解，因为这种创新是在原有的产品、市场和营销组合上进行的一些细微调整或改动。

而水平营销的创新往往是出乎人们意料的，如果这种创新非常奇特的话，接纳起来甚至需要更多的时间。

所以，水平营销人员在向先行者、早期接受者、首批大量接受者和后期大量接受者传播创新产品时，必须放慢脚步。在采用水平营销创新时，企业在教育、沟通及销售上要付出更多的努力和耐心。

借助水平营销，企业就可能在新市场拔得头筹

水平营销的思考对于企业的营销部门无疑是重要的，正是在这个意义上，科特勒说，"伟大的产品是营销部门创造的"。在这个产品和技术可以低成本复制的营销时代，我们已经见证了太多的特定市场的同质化竞争。而借助水平营销，企业就可能在新的市场拔得头筹，因为创意是无法复制的。

——科特勒《水平营销》

在今天这个网络化、全球化的竞争市场上，越来越多的企业开始感受到营销的尴尬，痛切于企业屡弱的盈利能力。一方面，传统的广告促销等营销组合已经无法有效激发消费者的消费诉求；另一方面，企业之间的竞争在每个传统的营销层面上刀刃互现，价格战、成本战等恶性竞争已经将企业竞争推向"他人即地狱"的境地。

无论是在传统的日化行业，还是在新兴的数字电子行业，企业的有机增长已经越来越困难。按照科特勒的说法，在日益复杂的现代营销作用下，新产品、新品牌迅速地推出，但相当比例的这些新产品、新品牌不能避免"一出现即注定失败"的命运。

科特勒对现在的市场生态的系统总结是：品牌数量剧增；产品生命周期大大缩短；更新比维修便宜；数字化技术引发多个市场的革命；商标数与专利数迅速上升；市场极度细分；广告饱和；新品推介越来越复杂，消费者越来越难以打动。毫无疑问，竞争加剧和又一轮的产能过剩已经将企业再次推向了微利时代。

在市场上，很大一部分产品经过一段时间后，就会变得陈旧过时。无论在意识层面还是潜意识层面，客户都需要不断变化。很多公司的创新，只是简单地推出新口味的食品、新类型的洗发水、新款的汽车，但实际上这些所谓的新产品与从前的产品大同小异，所以脱颖而出的机会微乎其微。而借助水平而非垂直的思考，在很多情况下，企业不但能够发掘出新产品，而且能够发现令市场振奋且满意的新的产品类别。

麦当劳拓展印度市场时就做过很大的创新。众所周知，印度是一个具有特别饮食风格的国度，他们对舶来食品向来缺乏兴趣，很少问津。麦当劳最初打入印度市场时，与其他外来快餐业一样，运营情况非常糟糕。后来，有一位员工提出了一个想法：既然印度的咖喱和香料举世闻名，那么如果在麦当劳的传统快餐中加些香料会怎样？结果，正是这个员工的创造性想法让麦当劳在印度牢牢站稳了脚跟。再后来，麦当劳还根据印度人特有的饮食习惯，开发出了多种具有印度风情的快餐，很快打开了市场。

抛开麦当劳原有的风格，将印度本土的咖喱和香料添加进来，既实现了产品的创新,更迎合了印度的市场,让麦当劳在当地站稳了脚跟。

从这个例子可以看出,当今的企业必须以水平营销另辟蹊径来创造出有市场价值的新产品。市场营销已经到了亟需新思路的转折点,未来占据主流的新商业理念,将会走不同的创新路线,而不是延续昨日无限细分市场的老路。